学習と生徒文化の社会学

― 質問紙調査から見る教室の世界 ―

須藤 康介 著

はじめに

　本書の目的は、質問紙調査データの統計分析を通して、主に中学生・高校生の学習と生徒文化について、実証的な知見を導くことである。

　学習に関する論考も、生徒文化に関する論考も、決して目新しいものではない。それでは本書の独自性はどこにあるか。三つの観点から述べたい。第一の特徴として、すべての章において、2000年代以降に実施された大規模な質問紙調査データの分析を通して知見を導いており、「エビデンス（科学的根拠）に基づく教育論」の実践例となっていることが挙げられる。もちろん、エビデンスとは、多種多様な現実の一部分を切り取ったものにすぎず、測定できないものの見落としや誤差を伴うことは避けられない。そのような限界をふまえつつ、質問紙調査の分析を通して、中学生・高校生のリアルな学校生活について何がわかるのかを具体的に示し、読者の皆さんに提供したい。

　第二の特徴として、学習と生徒文化を同時に視野に入れた分析・考察を行うことが挙げられる。学習についても、生徒文化についても、すでに研究の蓄積は数多くある。学習に関しては、授業方法が学力や学習意欲に与える効果の研究がその代表例であろう。生徒文化に関しては、仲間関係やいじめ問題、近年ではスクールカーストの研究などが挙げられる。しかし、これまで学習研究と生徒文化研究は別々になされることが多く、両者を同時に扱った研究は少なかった。中学生・高校生たちは、生徒文化の中で学習し、学習によって生徒文化がつくられる側面もある。本書は、このような学校空間の特質をふまえ、学習と生徒文化の相互連関を描き出す。

　第三の特徴として、本書は「わかりやすく」「しかし厳密性を落とさずに」議論を進めることが挙げられる。正直に言えば、これは難題である。専門外の人にわかりやすく執筆しようとすれば、複雑な分析や議論は省略され、厳密性が落ちてしまう。一方で、学問的な厳密性を追求すれば、複雑な分析や議論が多用され、一般の人には「何を言いたいのかわからない」ものになってしまう。読者の皆さんの中には、大学や大学院で統計分析を学んだことがある方もいれば、初学者の方もいるだろう。学んだことがある方には、必要十分な情報を提

示するつもりである。初学者の方に向けては、数学的な原理に深入りすることはせず、どのような考え方でどのような分析を行っているのかが、文脈的に通じるような書き方を心がける。

　本書は大きく分けて3部構成となっており、それぞれにこれまで筆者が執筆した論文が大幅に加筆・修正されて掲載されている。第1部「学校文化と学習」では、学力、学習時間、アクティブ・ラーニングといった学習研究が中心的に扱ってきた事象と、いじめ、ピアグループ、KYといった生徒文化研究が中心的に扱ってきた事象の関連を分析する。第2部「中高一貫校」では、世間での注目に反して研究が不足している、私立中高一貫校に通う生徒の学習や価値観について分析する。第3部「生徒たちの意識」では、生徒の自己有能感、ジェンダー規範、教師への信頼といった、先行研究は多いものの、社会学的な統計分析が十分には行われていないテーマについて、知見を導く。

　なお、すでに述べたように、本書はその性質上、統計分析が頻出する。しっかり統計分析を学んだ上で本書を読みたいという方は、2018年の拙著『新版文系でもわかる統計分析』（朝日新聞出版）での予習を推奨する。そこまではせずとも、統計分析の表をある程度は読み取りたいという方は、本書の付章「統計表の読み方」を先に読んでから、本文に進んでいただくのがよいだろう。もちろん、統計分析について一通りご存じの方、あるいは文脈で内容を大まかに理解できれば問題ないという方は、最初から本文を読んでいただいて構わない。

　その他、学術書に馴染みが薄い方向けに説明すると、文中の高橋（2015）のような記載は、高橋という人物が2015年に刊行した書籍または論文を表す。著者のフルネームや書籍・論文のタイトルは、その章の末尾の参考文献一覧に記載されている。書籍や学術雑誌のタイトルは『』で記載し、論文や書籍内の章のタイトルは「」で記載する。

　本書を手に取っていただいた皆さんの中には、教育学や社会学を学んでいる大学生・大学院生、教師や保護者として子供の教育に携わっている方、純粋に中高生の学習や生徒文化に関心がある方がいるだろう。大学生や大学院生の皆さんには、レポートや卒業論文の執筆の参考にしたり、授業でのディスカッションの題材にしたりしていただければ幸いである。子供の教育に携わっている方

には、各章の中のいくつかの知見が直接役に立つ、あるいは教育を考えるとき
の視野を広げるきっかけになれば幸いである。学習や生徒文化に関心がある方
には、現代の教室の世界はこうなっているのかという知的好奇心や、筆者が専
門とする教育社会学・学校社会学への関心が喚起されれば幸いである。

目　次

第3部 生徒たちの意識

第7章 自己有能感の形成と学歴実力主義
― 学歴重視は悪いことか? ―

第8章 ジェンダーをめぐる隠れたカリキュラム
― 学校で身につける性役割? ―

第9章 授業形式と教師への信頼
― 三つの信頼はどうすれば高まるのか? ―

第 **1** 部

学校文化と
学習

学力といじめ被害

―勉強ができるといじめられる？―

1 ── 問題設定

　本章の目的は、中学生のいじめ被害の実態を量的に把握するとともに、学力といじめ被害の関連を分析することである。学力については、生徒本人の学力と、学校の学力水準の両方に着目する。

　これまでいじめに関する研究は数多くなされてきたが、日本全国を対象とした信頼性の高い調査データに基づく分析は、森田ほか編（1999）などの例外を除いて極めて少ない。特に学力といじめの関連については、言説レベルでは数多く言及されているにもかかわらず、実証的な分析はほとんどなされていない。加野（2011）は、高学力層は同級生から「妬み」を買って、いじめを受けやすいことを示唆している。しかし逆に、志水（1996）が指摘するように、学校文化においては学業成績に価値が置かれるため、勉強が苦手な生徒が同級生から見下され、低学力層がいじめを受けやすいということも考えられる。実際には、高学力の生徒と低学力の生徒のどちらがいじめを受けやすいのか、あるいは両者ともいじめを受けやすいのか、実証的に検討する必要がある。

　文部省（現：文部科学省）が示した「いじめは誰にでも起こりうる」という認識が浸透して久しい [1]。しかし、それはあくまで「いじめの被害者は固定的ではない」「いじめは集団の力学によって生じる」という意味であって、必ずしも「いじめが他の変数と関連を持たない」ことを意味するわけではないだろう。学力が高いこと、あるいは低いことが、竹川（2006）の指摘する一種のバルネラビリティ（攻撃の受けやすさ）として機能している可能性はないのだろうか。これが本章の一つ目の問いである。

そして、学力に着目するとき、生徒本人の学力に加えて、学校の学力水準にも目を配ることが重要となる。日本全国の中学校は学力面で決して均等ではない。公立・国立・私立中学校の差はあるし、多数を占める公立中学校の中でも地域差が無視できない程度に存在している。河村（2007）は、荒れた学級ほどいじめが多いという分析結果を示しているが、そうであるならば、高学力校と低学力校という学校文化の違いによっても、いじめの発生状況が異なる可能性がある。高学力校と低学力校のどちらでいじめが多いのか、あるいは学校の学力水準といじめには関連がないのか。これが、本章の二つ目の問いとなる。

学力向上もいじめの解消も、現代の学校において、大きく注目されている課題の一つである。両者の関係を明らかにすることは、いじめの実態把握という意味でも、学校という社会集団内での学力の持つ意味を検討するという意味でも重要だろう。また、学校による差は、中学受験や学校選択制を利用しようとする児童や保護者にとっても、関心の高いことだろう[2]。

2 ── 使用データと変数

本章で分析に使用するデータは、IEA（国際教育到達度評価学会）が4年おきに実施している「国際数学・理科教育動向調査」（TIMSS）の2011年調査、通称 TIMSS2011 の中学2年生データである。TIMSS は、日本全国から無作為に選ばれた小学4年生と中学2年生の学級で実施されており、1校あたり1学級が抽出されている。中学2年生に対する調査は、数学と理科の学力調査、生徒質問紙、教師質問紙、学校質問紙から構成されており、TIMSS2011 での最終的な有効回答数は、生徒4414名、教師332名、学校138校である。本章では、生徒の学力、および学校ごとの学力水準の差が大きくなる中学生段階に焦点を当てるため、小学4年生データは使用しない。

これほど大規模で信頼性の高いサンプリングが行われており、生徒の属性やいじめ状況についての質問項目が含まれている学力調査は、現時点においてTIMSS の他には存在しない。なお、本章のすべての分析において、IEA 設定

の総合ウェイト（平均1に換算）を用いている。調査の詳細は、国立教育政策研究所編（2013）に記載されている。

　いじめに関する質問項目は、「この学年になって、学校で、次のようなことがどのくらいありましたか」と尋ねられ、「私はからかわれたり、悪口を言われた」「私は何かをするときに、仲間はずれにされた」「だれかが私について、うそを言いふらした」「私のものが盗まれた」「私は他の生徒から危害を加えられた（おす、たたく、ける、など）」「私はやりたくないことを他の生徒にやらされた」の6項目が挙げられている。本章では、6項目それぞれのいじめを個別に分析する手法と、総体としてのいじめ被害度に着目し、一つの変数に合成して分析する手法を併用する。

　学力については、数学と理科の国際学力スコア（第1推算値から第5推算値）の平均をとり、それを便宜的に国内偏差値に換算したものを「学力偏差値」として用いる。TIMSSの性質上、理数系に特化した学力指標となっているが、いじめについて分析するのであれば、理数系学力と文科系学力を区別する意義は大きくないと考えられるため、以下の分析では単純に「学力」と記す。

3 ── いじめ被害の実態

　本節では、先行研究の知見の確認という意味も含め、中学生のいじめ被害の実態について、さまざまな視角から分析を加える。

3−1　いじめ被害の実数

　いじめ被害の度数分布を表1−1に示す。また、それぞれのいじめ項目について、「1回もない」を0回、「年に2回か3回くらい」を2.5回、「月に1回か2回」を18回、「少なくとも週1回」を60回として、年間回数に換算した上で、その記述統計量を示したものが表1−2である [3]。

　表1−1、表1−2から、いじめは「からかい」が最も多く、次いで「暴力」

（軽度の叩きなども含む）となっていることがわかる。「仲間はずれ」については日本に特徴的ないじめとされることもあるが、今回の調査では、他のいじめと比べて特別に多いわけではないという結果になっている。ただし、いじめは「どこからがいじめか」という境界が本人の主観に依存するため、質問紙調査において、万人に適合する質問文を作成することは難しい。質問文の微妙な違いによって、調査結果に差が出ることには注意が必要だろう。

表1−1　いじめ被害の度数分布

	少なくとも週1回	月に1回か2回	年に2回か3回くらい	1回もない	合計
［からかい］ 私はからかわれたり、悪口を言われた	16.3%	20.3%	29.4%	34.0%	100.0%
［仲間はずれ］ 私は何かをするときに、仲間はずれにされた	2.7%	5.4%	20.4%	71.5%	100.0%
［デマ］ だれかが私について、うそを言いふらした	4.0%	8.2%	26.1%	61.7%	100.0%
［盗難］ 私のものが盗まれた	1.2%	2.5%	13.6%	82.7%	100.0%
［暴力］ 私は他の生徒から危害を加えられた	8.5%	9.2%	15.8%	66.5%	100.0%
［無理強い］ 私はやりたくないことを他の生徒にやらされた	1.9%	5.6%	16.7%	75.8%	100.0%

表1−2　いじめ被害の記述統計量

	有効度数	最小値	最大値	平均値	標準偏差
［からかい］ 私はからかわれたり、悪口を言われた	4370	0.000	60.000	14.150	21.288
［仲間はずれ］ 私は何かをするときに、仲間はずれにされた	4367	0.000	60.000	3.091	10.293
［デマ］ だれかが私について、うそを言いふらした	4367	0.000	60.000	4.535	12.337
［盗難］ 私のものが盗まれた	4361	0.000	60.000	1.484	6.951
［暴力］ 私は他の生徒から危害を加えられた	4362	0.000	60.000	7.150	16.902
［無理強い］ 私はやりたくないことを他の生徒にやらされた	4365	0.000	60.000	2.543	8.950

3－2　いじめ被害の構造

　次に、いじめ被害どうしの相関係数を表 1 － 3 に示す。相関係数の算出にあたっては、表 1 － 2 と同様に年間回数に換算した値を用いた。

　表 1 － 3 から、「からかい」と「デマ」、「からかい」と「暴力」、「仲間はずれ」と「デマ」の相関が相対的に大きいことがわかる。これらのうちで「からかい」「デマ」「仲間はずれ」は、内藤（2001）の言うコミュニケーション操作系のいじめであり、セットで行われる傾向があることがうかがえる。「暴力」は悪ふざけとも言うべき軽度の暴力と、犯罪に類する重度の暴力に区分されるべきだが、おそらく「からかい」は軽度の暴力と関連しているのではなかろうか。

　ここまで 6 項目のいじめ被害について見てきた。しかし、それぞれのいじめの個別性に着目することも重要だが、その生徒がいじめを総体としてどれほど受けているか、または学校にいじめがどれほど蔓延しているかを把握する上で、いじめ指標を一つに縮約することも重要だろう。そのためにカテゴリカル主成分分析を行った結果が表 1 － 4 である。

　この分析で、総体としてのいじめ被害の程度を表す一元的な尺度が得られた。寄与率は 50.5％ である。なお、試みに第 2 成分まで算出したところ（分析結果は省略）、その寄与率は 13.4％ と第 1 成分に比べて小さく、いじめ被害は概ね一つの尺度に縮約されることが確かめられた。いじめの内実はさまざまであるが、それらを包括する一つのいじめ被害指標が存在しているということである。以後の分析では、得られた主成分得点を偏差値化した「いじめ被害偏差値」を適宜用いる。

表 1 － 3　いじめ被害の相関係数

	からかい	仲間はずれ	デマ	盗難	暴力	無理強い
からかい	1.000	－	－	－	－	－
仲間はずれ	0.397	1.000	－	－	－	－
デマ	0.425	0.466	1.000	－	－	－
盗難	0.193	0.287	0.317	1.000	－	－
暴力	0.493	0.279	0.345	0.257	1.000	－
無理強い	0.334	0.330	0.329	0.274	0.389	1.000

表1−4　いじめ被害指標の作成（カテゴリカル主成分分析）

		数量化	成分負荷量
[からかい] 私はからかわれたり、悪口を言われた	少なくとも週1回	1.871	0.765
	月に1回か2回	0.546	
	年に2回か3回くらい	− 0.233	
	1回もない	− 1.017	
[仲間はずれ] 私は何かをするときに、仲間はずれにされた	少なくとも週1回	3.452	0.721
	月に1回か2回	2.270	
	年に2回か3回くらい	0.924	
	1回もない	− 0.564	
[デマ] だれかが私について、うそを言いふらした	少なくとも週1回	3.062	0.741
	月に1回か2回	1.855	
	年に2回か3回くらい	0.521	
	1回もない	− 0.664	
[盗難] 私のものが盗まれた	少なくとも週1回	4.951	0.549
	月に1回か2回	3.345	
	年に2回か3回くらい	1.472	
	1回もない	− 0.412	
[暴力] 私は他の生徒から危害を加えられた	少なくとも週1回	2.469	0.742
	月に1回か2回	1.408	
	年に2回か3回くらい	0.492	
	1回もない	− 0.626	
[無理強い] 私はやりたくないことを他の生徒にやらされた	少なくとも週1回	3.749	0.723
	月に1回か2回	2.519	
	年に2回か3回くらい	1.057	
	1回もない	− 0.510	
寄与率		50.5%	

3−3　学校による差異

　本節の最後に、学校によるいじめ蔓延度の差を確認する。まず、いじめ被害偏差値の分散を学校間分散と学校内分散に分解した結果、学校間分散が5.450、学校内分散が94.632であった。当然のことかもしれないが、学校差よりも個人差のほうが圧倒的に大きい。とは言うものの、学校差も一定程度は見られるはずであり、その確認のため、いじめ被害偏差値の学校平均の分布（ヒストグラム）を図1−1に示す。

　図1−1に示したように、学校による差は無視できない程度に存在している。すなわち、いじめがあまりない学校もあれば、いじめが蔓延している（平均偏

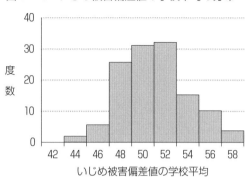

図1－1　いじめ被害偏差値の学校平均の分布

差値が60に近い）学校もある。国際比較を行った森田編（2001）によれば、日本のいじめは教室内で行われることに特徴があるが、その教室の雰囲気が学校によって異なっていることが推察できる。

4 —— 学力といじめ被害の関連

　本節では、これまでの研究で焦点を当てられてこなかった学力といじめの関連について分析を行う。その際、「生徒の学力」（生徒個人の学力）と「学校の学力水準」（その学校に通っている生徒の学力の平均値）を区別して、いじめとの関連を分析する。

4－1　生徒の学力といじめ被害

　生徒の学力（5段階）ごとのいじめ被害を表1－5に示す。平均値の算出にあたっては、表1－2と同様に年間回数に換算した値を用いた。以後の分析すべてで同様である。
　表1－5から、いじめ全体としては、学力とほぼ無相関であることがわかる。学力上位層や下位層がいじめを受けやすいわけでも、ほどほどの中位層がいじ

表1−5 生徒の学力ごとのいじめ被害の平均値

		いじめ被害偏差値	からかい	仲間はずれ	デマ	盗難	暴力	無理強い
生徒の学力	最上位	50.715	15.702	2.773	4.278	1.358	7.934	2.471
	上位	49.883	14.810	2.853	4.297	0.850	7.021	2.183
	中位	49.750	13.610	2.776	4.536	1.364	6.648	2.982
	下位	50.100	13.376	3.487	4.444	1.568	7.753	2.683
	最下位	49.571	13.304	3.557	5.111	2.277	6.413	2.392
分散分析のF検定						***		
有効度数		4351	4370	4367	4367	4361	4362	4365

*** $p < 0.001$ ** $p < 0.01$ * $p < 0.05$

めを受けにくいわけでもない。個別に見ると、「盗難」のみが学力下位層のほうが受けやすい傾向が見て取れる。加害者が盗難をしようとするとき、標的にしやすいという理由があるのかもしれない。もっとも、この分析では他の変数の影響を統制していないため、学力といじめ被害の間に、他の変数を共通の背後要因とした擬似的な相関や無相関が生じている可能性が否定できない。この点は、後のマルチレベル回帰分析で検証する。

4−2 学校の学力水準といじめ被害

次に、学校の学力水準ごとのいじめ被害を分析する。前述のように、日本全国の中学校は学力面において決して均等ではない。志水編（2011）などが示すように、同じ学校段階の学校においても、生徒の学力水準によって学校文化はかなり異なる。そこで、生徒の学力偏差値の平均値によって、学校を高学力校・中学力校・低学力校に区分し、その区分ごとのいじめ被害を表1−6に示す。

表1−6 学校の学力水準ごとのいじめ被害の平均値

		いじめ被害偏差値	からかい	仲間はずれ	デマ	盗難	暴力	無理強い
学校の学力水準	高学力校	49.669	13.461	3.126	4.526	1.058	6.380	2.174
	中学力校	50.140	14.564	3.049	4.548	1.225	7.524	2.522
	低学力校	50.180	14.402	3.098	4.530	2.160	7.521	2.923
分散分析のF検定						***		
有効度数		4351	4370	4367	4367	4361	4362	4365

*** $p < 0.001$ ** $p < 0.01$ * $p < 0.05$

表1−6から、生徒個人の学力に着目した場合と同様、いじめ全体としては、学校の学力水準とほぼ無相関であることがわかる。そして個別に見ると、「盗難」のみが低学力校で多い傾向が見て取れる。しかし、これも表1−5と同様に、他の変数を背後要因とする擬似的な相関や無相関が生じている可能性が否定できない。この点は、次のマルチレベル回帰分析で検証する。

4−3 いじめ被害の規定要因

生徒個人の学力と学校の学力水準がいじめ被害に与える影響を、他の変数の影響を統制して示すため、マルチレベル回帰分析を行う。いじめ被害偏差値、およびそれぞれのいじめ被害を従属変数とするマルチレベル回帰分析（ランダム切片モデル）の結果が表1−7〜表1−9である。なお、女子ダミーは性別が女子であることを表し、月齢は月単位の生徒の齢であり、外国ルーツダミーは両親のいずれかまたは両方が外国生まれであることを表し、文化資本スコアは家庭の文化的所有物の多さを表す得点である[4]。また、経済的困難率はその

表1−7　いじめ被害偏差値の規定要因（マルチレベル回帰分析）

		回帰係数	有意確率
生徒レベル	女子ダミー	− 3.523	***
	月齢	− 0.035	
	外国ルーツダミー	0.772	
	文化資本スコア	0.646	**
	学力偏差値	− 0.024	
学校レベル	経済的困難率	− 0.011	
	経済的余裕率	− 0.011	
	学年規模（100 人単位）	0.627	
	年間授業日数	0.025	
	学力偏差値の学校平均	− 0.055	
（定数）		56.274	***
残差分散：生徒レベル		88.042	
残差分散：学校レベル		3.327	
有効度数：生徒レベル		3909	
有効度数：学校レベル		124	

*** p<0.001　** p<0.01　* p<0.05

表1-8　いじめ被害の規定要因（マルチレベル回帰分析）　種類別その1

		からかい		仲間はずれ		デマ	
		回帰係数	有意確率	回帰係数	有意確率	回帰係数	有意確率
生徒レベル	女子ダミー	− 6.499	***	− 0.251		− 2.218	***
	月齢	− 0.013		− 0.109		0.050	
	外国ルーツダミー	1.306		0.458		− 0.337	
	文化資本スコア	1.288	*	0.409		0.516	
	学力偏差値	− 0.006		− 0.108	***	− 0.060	
学校レベル	経済的困難率	0.002		− 0.030		0.034	
	経済的余裕率	− 0.014		− 0.004		− 0.001	
	学年規模（100人単位）	0.241		0.415		0.411	
	年間授業日数	0.057		0.040		0.067	*
	学力偏差値の学校平均	− 0.190		0.071		0.069	
（定数）		18.011		15.855	*	− 18.123	
残差分散：生徒レベル		431.584		93.218		145.942	
残差分散：学校レベル		5.955		1.389		0.475	
有効度数：生徒レベル		3926		3924		3923	
有効度数：学校レベル		124		124		124	

*** p<0.001　** p<0.01　* p<0.05

表1-9　いじめ被害の規定要因（マルチレベル回帰分析）　種類別その2

		盗難		暴力		無理強い	
		回帰係数	有意確率	回帰係数	有意確率	回帰係数	有意確率
生徒レベル	女子ダミー	− 1.710	***	− 5.763	***	− 1.456	***
	月齢	− 0.042		− 0.241	*	− 0.063	
	外国ルーツダミー	− 0.507		0.509		1.538	
	文化資本スコア	− 0.063		0.655		0.052	
	学力偏差値	− 0.049	**	− 0.019		− 0.008	
学校レベル	経済的困難率	0.018		0.019		− 0.011	
	経済的余裕率	− 0.006		− 0.022		− 0.004	
	学年規模（100人単位）	0.361		0.556		0.143	
	年間授業日数	0.022		0.036		− 0.015	
	学力偏差値の学校平均	− 0.015		0.025		− 0.020	
（定数）		7.734		43.714		18.578	
残差分散：生徒レベル		44.741		267.949		77.581	
残差分散：学校レベル		0.121		3.511		1.268	
有効度数：生徒レベル		3919		3920		3921	
有効度数：学校レベル		124		124		124	

*** p<0.001　** p<0.01　* p<0.05

学校が回答した「経済的に恵まれない家庭の生徒」のパーセント、経済的余裕率は同じく「経済的に恵まれた家庭の生徒」のパーセント、学年規模は中学2年生の総生徒数（100人単位）、年間授業日数は1年間の授業実施日数である。

　表1-7から、いじめ全体としては、やはり生徒の学力とも、学校の学力水準ともほとんど関連しないことがわかる。本人の学力が高かろうが低かろうが、高学力校であろうが低学力校であろうが、いじめを受けるリスクはさほど変わらない。また、地域の経済状況、学年規模、年間授業日数もほとんど関連しない。なお、女子ダミーと文化資本スコアは統計的に有意であり、いじめは男子および文化階層の高い生徒が受けやすいことは確認できる。

　しかし、表1-8、表1-9でいじめを個別に見てみると、若干様相が異なる。すなわち、学校の学力水準がほとんど関連しないことは同様であるが、いくつかのいじめについて、生徒本人の学力が関連している。具体的には、「仲間はずれ」「盗難」については、学力の低い生徒のほうが受けやすい傾向がある。回帰係数がそれほど大きくないことから、過度の解釈は慎むべきであるが、弱い傾向として、これらのいじめは学力下位層が受けやすい。

5 ── まとめと結論

　本章で得られた主な知見は以下の三点である。第一に、中学生のいじめ被害は「からかい」が最も多く、次いで「暴力」（軽度の叩きなども含む）となっている。そして、「からかい」「デマ」「仲間はずれ」は特に相関している。第二に、いじめ全体として見た場合、生徒の学力といじめにはほとんど関連がないが、「仲間はずれ」「盗難」については、学力の低い生徒のほうがやや受けやすい傾向がある。第三に、いじめ全体として見ても、個別に見ても、学校の学力水準といじめには明確な関連がなく、高学力校／低学力校だからいじめが多い／少ないということはない。学校によっていじめの蔓延度に差があることは事実だが、それは単純に学校の学力水準によって説明できるものではない。

　学力が低い生徒が仲間はずれや盗難といったいじめをやや受けやすいという

ことは、低学力の生徒への支援は、進学や就職といった文脈以外でも重要となるということである。また、学校の学力水準といじめ被害にほとんど関連がなかったことから、中学受験や学校選択制の文脈でしばしば議論される「高学力校のほうが、いじめが少ない」、あるいはそれに対する反論としての「むしろ高学力校のほうが、いじめが多い」という指摘が、どちらも的を射ていないことがわかる。さらに言えば、今回の分析で、統計的に有意な効果が認められた学校レベル変数は一つも存在しなかった。各学校のいじめ蔓延度は、今回分析したようなハードな要因ではなく、生徒集団の友人関係の在り方や教師集団の取り組みといった、よりソフトな要因によって左右されているのではなかろうか。いずれにせよ、学力調査の結果や地域の経済状況などの目につきやすい要素で「この学校はいじめが多そうだ／少なそうだ」と判断することは適切ではない。

　本章の限界は、いじめを被害者側の視点のみで分析している点にある。すなわち、学力といじめ被害の関係は扱っているのに対して、学力といじめ加害の関係については扱えていない。滝（1992）がいじめの原因について（加害者の）「不適応原因説」を有力な説明として提示していることをふまえると、学力といじめ加害の関係を検証することも重要である。学力といじめという、これまで別領域として研究されていたものを結節させた点に本章の意義があるが、引き続き広範な研究が求められる。

〈 注 〉
(1)　「いじめは誰にでも起こりうる」というフレーズは、1996 年の文部省緊急アピールの中で「深刻ないじめは、どの学校にも、どのクラスにも、どの子どもにも起こりうる」と記されたことを契機に広がった。現在では、国政レベルでも教育委員会レベルでも市民団体レベルでも、いじめについて言及するときに頻繁に用いられるフレーズである。
(2)　文部科学省「小・中学校における学校選択制の実施状況」によれば、2012 年時点で、16.3% の市区町村が公立中学校の学校選択制を実施している。学校選択制は、公立小中学校について、住所によって入学する学校が指定されるのではなく、生徒や保護者が学校を選択できる制度である。ただし、学校選択制の中にも完全自由選択制や隣接区域選択制など、いくつかの種類がある。

(3)　TIMSS2011 では、いじめの頻度を尋ねている一方で、深刻さについては尋ねていない。すなわち、同じ「からかい」が「月に1回か2回」でも、軽い冗談のような「からかい」が月に1〜2回であるのか、耐えがたい苦痛を伴う「からかい」が月に1〜2回であるのかは判別できない。本章の分析はあくまでいじめの量的側面を扱っている。

(4)　文化資本スコアは、家庭の蔵書数、インターネットの有無、地球儀の有無をカテゴリカル主成分分析で統合し、主成分得点（平均値0、標準偏差1）を算出した。なお、両親学歴を用いなかったのは、無回答や「わからない」などの欠損値が1753名（39.7%）に及ぶため、分析に用いるとサンプルの偏りが避けられないと判断したためである。

《 参考文献 》

加野芳正，2011，『なぜ、人は平気で「いじめ」をするのか？－透明な暴力と向き合うために』日本図書センター。

河村茂雄，2007，『データが語る① 学校の課題－学力向上・学級の荒れ・いじめを徹底検証』図書文化社。

国立教育政策研究所編，2013a，『TIMSS2011 算数・数学教育の国際比較－国際数学・理科教育動向調査の2011年調査報告書』明石書店。

国立教育政策研究所編，2013b，『TIMSS2011 理科教育の国際比較－国際数学・理科教育動向調査の2011年調査報告書』明石書店。

志水宏吉，1996，「タワーとしての学校からツリーとしての学校へ」部落解放研究所編『地域の教育改革と学力保障』解放出版社，pp.234-248.

志水宏吉編，2011，『格差をこえる学校づくり－関西の挑戦』大阪大学出版会。

滝充，1992，「"いじめ"行為の発生要因に関する実証的研究－質問紙法による追跡調査データを用いた諸仮説の整理と検証」『教育社会学研究』第50集，pp.366-388.

竹川郁雄，2006，『いじめ現象の再検討－日常社会規範と集団の視点』法律文化社。

内藤朝雄，2001，『いじめの社会理論－その生態学的秩序の生成と解体』柏書房。

森田洋司編，2001，『いじめの国際比較研究－日本・イギリス・オランダ・ノルウェーの調査分析』金子書房。

森田洋司・滝充・秦政春・星野周弘・若井彌一編，1999，『日本のいじめ－予防・対応に生かすデータ集』金子書房。

第2章 学習時間に対する同級生の影響
―皆がマジメだと自分も頑張る？―

1 —— 問題設定

　本章の目的は、高校生を対象として、学習時間に対するピアグループ効果（同じ学級の他の生徒からの影響）を明らかにすることである。

　日本の高校は学力に基づく学校階層構造が明確に存在しており、それが生徒の意識や行動にも影響を与えているとされている。いわゆる進学校・中堅校・進路多様校の学校文化の違いである。このことは、竹内（2016）、樋田ほか編（2014）、中村編（2010）など、理論的にも実証的にも数多く議論されており、家庭背景や入学時の成績の影響を統制しても、高校ランクが生徒の学習意欲や進学希望に影響していることが示されてきた。

　しかし一方で、同じ高校においても、学級によって雰囲気が異なり、それが生徒に影響を与えているという側面については、これまでの研究ではほとんど焦点が当てられてこなかった。学級文化の効果を実証的に明らかにしようとした研究は、義務教育段階を対象とした西本（2003）が挙げられる程度である。学級社会学の研究を進めている蓮尾・安藤編（2013）も、やはり義務教育段階に焦点を当てており、高校段階での学級集団によるピアグループ効果は未解明となっている。

　確かに、高校ランクなどで代替的に表される学校文化は、生徒の意識や行動に無視できない影響を与えているだろう。しかし、学校教育の効果を解明する上で、そして学級経営などの教育実践に生かす上で、学級が生徒に与える影響の検証も重要となるだろう。

　学級が「小さな社会」であることを考えれば、そのピアグループ効果にはさ

まざまなものが想定されるが、本章では高校生の「本業」ともされ、卒業後の進路にも密接に関係する、学習への取り組みに着目したい。「朱に交われば赤くなる」と言うように、学習への参与が高い学級集団にいることが、本人の学習時間の向上につながったり、逆に、学習への参与が低い学級集団にいることが、本人の学習時間の低下につながったりすることはあるのだろうか。それとも、尾嶋編（2001）による「生活構造の多チャンネル化」や、宮台（2006）による「交友関係の島宇宙化」など、学級集団の希薄化が指摘される現在において、学級におけるピアグループ効果は顕著には生じていないのだろうか。

　本章では、これらの点を実証的に検討する。さらに、ピアグループ効果の内実をより多面的に明らかにするため、ピアグループ効果が生じやすい生徒と生じにくい生徒の違いも検証する。以上の分析を通して、高校における学級集団の持つ意味を検討したい[1]。

2 —— 使用データと変数

　本章で分析に使用するデータは、東京大学教育学部が2007年と2008年に実施した「都立高校生の生活・意識・行動に関する調査」と「東京都の高校生の生活・意識・行動に関する調査」である。両調査は普通科・専門学科の都立高校2年生（定時制・通信制を除く）を母集団として実施されたものであり、2007年は普通科9校、2008年は普通科3校と専門学科17校が対象となった。本章では、入学形態と教育実践に特徴があるエンカレッジスクール1校を除き、28校を分析対象とする。調査は学校を通した集団自記式で実施され、最終的な有効回答数は合計4261名である。調査の詳細は、東京大学教育学部・ベネッセ教育研究開発センター編（2009、2010）に記載されている。

　なお、分析の際には、普通科上位校・普通科下位校・専門学科（工業科・商業科・農業科・その他の学科）それぞれの生徒数比率が母集団に一致するように、ウェイト調整を行っている。ここでの普通科上位校とは、高校入試の合格基準点が600点以上の高校、普通科下位校とは、それ未満の高校を意味する。

母集団における生徒数比率および各高校の合格基準点は、学習研究社『2009年入試用都立に入る！』のデータを用いた。

　次に、使用する変数について説明する。生徒の学習時間を表す変数としては、平日学習時間×5＋休日学習時間×2を算出し、一週間学習時間として用いる。平日・休日の学習時間はそれぞれ8件法で尋ねられており、「ほとんどない」を0時間、「30分くらい」を0.5時間、「1時間くらい」を1時間、「1時間30分くらい」を1.5時間、「2時間くらい」を2時間、「3時間くらい」を3時間、「4時間くらい」を4時間、「5時間以上」を5.5時間として計算した。

　当該学級が学習への参与が高い学級であるかどうかを表す指標としては、学級授業熱心度という変数を用いる。まず、各生徒の英数国理社それぞれの授業熱心度（「まったく熱心でない」「あまり熱心でない」「まあ熱心」「とても熱心」に1〜4を割り当てた）の平均値を算出する。その際、履修していない教科がある生徒は、履修教科の平均値をとる。次に、生徒の授業熱心度を学級ごとに平均する。これが学級授業熱心度である[2]。

　また、この他にも、女子ダミー（女子＝1、男子＝0）、第一志望ダミー（ぜひこの学校に入学したかった＝1、それ以外＝0）、四大進学希望ダミー（卒業後に四年制大学に進学を希望している＝1、それ以外＝0）、中2成績（5段階）、学級内友人数（同じ学級内の親しい友人の数）、通塾日数（1週間で塾・予備校に通っている日数）、アルバイト時間（1週間あたりのアルバイト時間）、入試難易度（前述の各高校の合格基準点）、専門学科ダミー（専門学科＝1、普通科＝0）を分析に用いる。学級内友人数は「いない」を0人、「1〜3人」を2人、「4〜6人」を5人、「7〜9人」を8人、「10〜12人」を11人、「13人〜」を15人とした。また、アルバイト時間は「していない」を0時間、「5時間未満」を2.5時間、「5時間以上10時間未満」を7.5時間、「10時間以上15時間未満」を12.5時間、「15時間以上20時間未満」を17.5時間、「20時間以上25時間未満」を22.5時間、「25時間以上」を30時間とした。以前定期的にアルバイトをしていた場合は、その影響が残存している可能性を考慮し、アルバイトをしていると見なした。

　以上の変数（次節で詳しく検討する学級授業熱心度を除く）の記述統計量を

		有効度数	最小値	最大値	平均値	標準偏差
生徒レベル	一週間学習時間	4210	0.000	38.500	4.262	6.559
	女子ダミー	4223	0.000	1.000	0.480	0.500
	第一志望ダミー	4230	0.000	1.000	0.470	0.499
	四大進学希望ダミー	4001	0.000	1.000	0.590	0.492
	中2成績	4228	1.000	5.000	3.120	1.308
	学級内友人数	4180	0.000	15.000	6.230	4.378
	通塾日数	4081	0.000	7.000	0.480	1.066
	アルバイト時間	4054	0.000	30.000	6.590	8.503
学校レベル	入試難易度	28	410.000	860.000	600.844	148.507
	専門学科ダミー	28	0.000	1.000	0.236	0.432

表2－1に示す。なお、後述するマルチレベル回帰分析の際には、学級授業熱心度、中2成績、学級内友人数、通塾日数、アルバイト時間は平均0に調整して用いる。

3 ── 学級授業熱心度の分布

　本節では、学級授業熱心度がどの程度ばらついているのかを確認する。学級授業熱心度にほとんどばらつきが見られなければ、つまり多くの学級が同様の雰囲気を有しているのであれば、学級集団によるピアグループ効果を検証するという本章の目的自体が意味のないものとなってしまうからである。図2－1が、今回のデータの全142学級について、学級授業熱心度の分布（ヒストグラム）を示したものである。

　図2－1より、学級授業熱心度には一定程度のばらつきがあることがわかる。つまり、生徒の多くが授業に熱心である学級集団もあれば、そうではない学級集団もある。

　しかし、この分布を示しただけでは、このような学級による差は、単に「学校による差」を反映しただけであり、同一学校内における学級による差はほとんどないのではないかという疑問が生じる。同じ学校でも、学級によって雰囲気が異なることは、多くの人々が実体験していることだろうが、「学校による差」

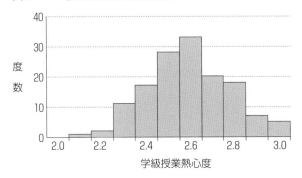

図2－1　学級授業熱心度の分布

と「学級による差」の判別を実証的に行っておくことも必要だろう。そこで、学級授業熱心度の分散を学校間分散と学校内分散に分解すると、学校間分散は0.012、学校内分散は0.017であった。つまり、同じ学校内であっても授業に熱心な学級と、そうでない学級はかなりの程度ばらついており、そのばらつきは学校間のばらつきよりも大きい。

　このような学級による差異が生じる要因としては、特進クラスの設置、担任教師の影響、生徒たちの個性による偶発など、さまざまなことが考えられる。その要因を特定することは困難であるが、いずれにせよ、高校入試を経て中学校と比べて学校内の同質性が高まっているとされる高校段階であっても、学校文化と同等以上に、学級文化が存在している。このように学級によって異なる学習に対する雰囲気は、生徒個人に対してどのような影響を与えている（あるいは与えていない）のだろうか。

4 ── ピアグループ効果の検証

　本節では、学級授業熱心度が学習時間に与える影響、すなわち学級集団によるピアグループ効果を検証する。この検証で重要となるのは、生徒個人の意識・行動（四年制大学進学を希望しているかなど）や学校文化（高校ランクなど）に還元されない、学級による影響を見いだすことである。そこで、生徒レベル・

学級レベル・学校レベルの変数の効果を互いに統制し、同時に推計できる、マルチレベル回帰分析を行う。

4－1　学級授業熱心度が学習時間に与える影響

　学級授業熱心度などを独立変数、一週間学習時間を従属変数としたマルチレベル回帰分析（ランダム切片モデル）の結果が表2－2である。なお、学級・学校のサンプルサイズが小さいため、独立変数を多く投入すると、分析結果が正しく推計されないことが起こり得る。それを回避するため、投入する独立変数は最小限にとどめている。

　表2－2から、本人の進学希望や高校ランクの影響を取り除いても、学級授業熱心度が生徒個人の学習時間に影響していることがわかる。学級授業熱心度の回帰係数は 2.538 であるので、学級授業熱心度が1上がる（図2－1より学級授業熱心度はほぼ2～3の範囲をとる）と、一週間学習時間が約 2.5 時間長くなる。この効果が「大きい」かどうかは主観に依存するが、周囲の同級生が学業に熱心であると、自身も学習に向かうというピアグループ効果が示唆された。

表2－2　一週間学習時間の規定要因（マルチレベル回帰分析）

		回帰係数	有意確率
生徒レベル	女子ダミー	0.207	
	第一志望ダミー	0.217	
	四大進学希望ダミー	1.236	***
学級レベル	学級授業熱心度	2.538	***
学校レベル	入試難易度	0.012	***
	専門学科ダミー	0.335	
（定数）		－ 4.473	**
残差分散：生徒レベル		25.499	
残差分散：学級レベル		0.177	
残差分散：学校レベル		1.348	
有効度数：生徒レベル		3923	
有効度数：学級レベル		142	
有効度数：学校レベル		28	

　*** p<0.001　** p<0.01　* p<0.05

4－2　中学成績による影響の違い

　以上の分析でピアグループ効果の存在は確かめられたが、ピアグループ効果がすべての生徒に一様に現れると考えるのは、おそらく現実に適合しないだろう。実際には、学級の雰囲気に左右されやすいタイプの生徒と、そうでないタイプの生徒が存在するはずである。そこで、以下では、どのような生徒でピアグループ効果が大きく、どのような生徒でピアグループ効果が小さいのかを検証する。まず、中学成績、すなわち高校入学以前の成績によって、学級授業熱心度から受ける影響が異なるのかどうかを分析する。中２成績と学級授業熱心度の学習時間に対する交互作用を検討した結果が表２－３である。

　表２－３から、中２成績×学級授業熱心度の回帰係数は正に統計的に有意であり、中学２年生のときに成績が高かった生徒ほど、学級授業熱心度の影響が大きいことがわかる。これは中学時代に低成績だった生徒は、中学校から高校にかけて、そのまま不勉強が続く傾向があるのに対して、中学時代に高成績だった生徒は、中学校から高校にかけて、そのまま勉強熱心が続く場合と学業から

表２－３　一週間学習時間の規定要因（マルチレベル回帰分析）　交互作用モデル１

		回帰係数	有意確率
生徒レベル	女子ダミー	0.175	
	第一志望ダミー	0.208	
	四大進学希望ダミー	1.182	***
	中２成績	0.291	***
学級レベル	学級授業熱心度	3.055	***
学校レベル	入試難易度	0.010	***
	専門学科ダミー	0.404	
交互作用	中２成績×学級授業熱心度	0.852	*
（定数）		− 3.285	*
残差分散：生徒レベル		25.455	
残差分散：学級レベル		0.160	
残差分散：学校レベル		1.239	
有効度数：生徒レベル		3913	
有効度数：学級レベル		142	
有効度数：学校レベル		28	

***　p＜0.001　**　p＜0.01　*　p＜0.05

離脱してしまう場合に分化するためと考えられる。ベネッセ教育研究開発センターが 2006 年に実施した「第 4 回 学習基本調査」によれば、中学校から高校に学校段階が上がると、平均としての学習時間は短くなり、学習時間 0 の生徒も増加する [3]。すなわち、これまでは勉強していたが、しなくなる生徒が一定数現れる。その分化をもたらす要因の一つとして、学級集団によるピアグループ効果があるのではなかろうか。

4－3　学級内友人数による影響の違い

ピアグループ効果の大きさは、その生徒のもともとの成績だけでなく、学級内での同級生との関係性によっても異なると考えられる。そこで、学級内友人数と学級授業熱心度の学習時間に対する交互作用を検討した結果が表 2 － 4 である。

表 2 － 4 から、学級内友人数×学級授業熱心度の回帰係数は統計的に有意ではなく、値もほぼ 0 であることがわかる。つまり、学級内友人数が多くても、

表 2 － 4　一週間学習時間の規定要因（マルチレベル回帰分析）　交互作用モデル 2

		回帰係数	有意確率
生徒レベル	女子ダミー	0.245	
	第一志望ダミー	0.198	
	四大進学希望ダミー	1.252	***
	学級内友人数	0.012	
学級レベル	学級授業熱心度	2.500	***
学校レベル	入試難易度	0.012	***
	専門学科ダミー	0.349	
交互作用	学級内友人数×学級授業熱心度	0.004	
（定数）		－ 4.511	**
残差分散：生徒レベル		25.595	
残差分散：学級レベル		0.194	
残差分散：学校レベル		1.353	
有効度数：生徒レベル		3886	
有効度数：学級レベル		142	
有効度数：学校レベル		28	

*** p<0.001　** p<0.01　* p<0.05

ピアグループ効果が大きくなるわけではない。この結果は次のように考えられる。まず、学級内友人数が多いということは、実際的に接する同級生が多いということなので、ピアグループ効果は大きくなり得る。しかし一方で、鈴木（2012）が学級内の力学から指摘するように、学級内の友人数が多いということは、その学級で中心的な存在であり、一定程度の発言力や自律性を有していることも意味すると考えられる。よって、学級内友人数が多い生徒ほど、周囲の雰囲気に左右される程度が小さくなり得る[4]。この両方向の作用が打ち消し合い、学級内友人数とピアグループ効果の大きさは無関係という結果が得られたのではなかろうか。なお、友人数の代わりに友人満足度（「クラスの友だちに満足している」）を分析に用いても、やはり交互作用は統計的に有意ではなかった。

4−4　学校外活動による影響の違い

　最後に、学校外活動によって学級授業熱心度が学習時間に与える影響が異なるのかどうかを検証する。高校生の学校外活動は多種多様であるが、ここでは、通塾とアルバイトに着目する。両者の内容は極めて異質であるものの、学習塾に通っていたり、アルバイトをしていたりすると、学級以外にも明確な所属集団が存在しており、学級集団への帰属度が相対的に弱まると予測できる点では共通である。通塾日数およびアルバイト時間と学級授業熱心度の学習時間に対する交互作用を検討した結果が表2−5、表2−6である。

　表2−5、表2−6から、通塾日数×学級授業熱心度の回帰係数、およびアルバイト時間×学級授業熱心度の回帰係数はともに負に統計的に有意であり、通塾やアルバイトをしている生徒ほど、学級授業熱心度の影響が小さいことがわかる。まったく異なる学校外活動である通塾とアルバイトであるが、学級集団によるピアグループ効果の希薄化をもたらしているという点では共通である。これまで山本（2005）のように、高校生のアルバイトと逸脱行動の関連を分析する研究はなされていたが、アルバイトが学級集団によるピアグループ効果を小さくする存在でもあることは、新たな知見と言えるだろう。

表2-5 一週間学習時間の規定要因（マルチレベル回帰分析） 交互作用モデル3

		回帰係数	有意確率
生徒レベル	女子ダミー	0.253	
	第一志望ダミー	0.287	
	四大進学希望ダミー	1.036	***
	通塾日数	0.967	***
学級レベル	学級授業熱心度	2.217	**
学校レベル	入試難易度	0.011	***
	専門学科ダミー	0.440	
交互作用	通塾日数×学級授業熱心度	− 1.282	*
（定数）		− 3.549	*
残差分散：生徒レベル		24.641	
残差分散：学級レベル		0.118	
残差分散：学校レベル		1.239	
有効度数：生徒レベル		3842	
有効度数：学級レベル		142	
有効度数：学校レベル		28	

*** p<0.001　** p<0.01　* p<0.05

表2-6 一週間学習時間の規定要因（マルチレベル回帰分析） 交互作用モデル4

		回帰係数	有意確率
生徒レベル	女子ダミー	0.270	
	第一志望ダミー	0.125	
	四大進学希望ダミー	1.116	***
	アルバイト時間	− 0.035	***
学級レベル	学級授業熱心度	2.608	***
学校レベル	入試難易度	0.011	***
	専門学科ダミー	0.397	
交互作用	アルバイト時間×学級授業熱心度	− 0.111	*
（定数）		− 4.174	**
残差分散：生徒レベル		24.389	
残差分散：学級レベル		0.073	
残差分散：学校レベル		1.261	
有効度数：生徒レベル		3855	
有効度数：学級レベル		142	
有効度数：学校レベル		28	

*** p<0.001　** p<0.01　* p<0.05

5 ── まとめと結論

　本章で得られた知見は以下の通りである。高校においても学級文化は存在し、それは生徒の学習時間に対して一定の影響を有している。さらに、その影響はもともと成績が高かった生徒で大きく、学習塾に通っていたりアルバイトをしていたりする生徒で小さい。また、学級内友人数による効果の違いはほとんど存在しない。要するに、今回の分析から浮かび上がったピアグループ効果を受けやすい生徒とは、中学時代に成績優秀であり、高校では学習塾に通っておらず（つまり勉強は学校の勉強のみとなっており）、アルバイトをしていないような生徒ということになる。

　ところで、教師の視点に立ったとき、もちろんその学校や生徒の文脈によるが、中学時代に成績優秀で、通塾はしておらず、アルバイトもしていない生徒とは、ある意味で「模範的な」向学校的な生徒かもしれない。しかし、そのような生徒こそ、良くも悪くも学級文化に左右されやすいことは注意を要する。向学習的な学級文化が存在している状況であれば、そのような生徒はますます学業に向かうが、反対に向学習的な学級文化が存在しない状況においては、学業から離脱してしまう可能性が高くなる。多くの教師は向学習的な学級文化の創造を目指して、日々の学級経営に臨んでいると思われるが、仮にそれがうまくいかなかった場合（それは教師個人の力量にかかわらず常に起こり得る）、そのような生徒への配慮が一層求められると言えるだろう。

　本章では、「生徒個人の意識・行動」と「学校文化」の中間に位置する、「学級文化」に焦点を当てて実証分析を行った。もちろん、生徒個人の意識・行動をつぶさに研究することも、学校文化の効果を明らかにすることも重要であるが、学級集団によるピアグループ効果という視点を導入することによって、前述のような新たな知見が得られることを、本章では示すことができた。今後の高校生調査研究に対する示唆としたい。

　なお、本章の限界は、従属変数として一週間学習時間のみを扱っていることである。同級生によるピアグループ効果を考えるとき、学習時間だけでなく、

生徒の規範意識なども想定される。また、今回は「どのような生徒でピアグルー
プ効果が大きいのか」に焦点を当てたが、一方で「どのような学校でピアグルー
プ効果が大きいのか」(ピアグループ効果が生じやすいのはどのような学校か)
という問題設定もあり得る。これらについて分析を行うことが残された課題で
ある。

〈 注 〉

(1)　高校は義務教育段階と異なり、選択科目の多さなどに由来して、そもそも学級が集団と
　　しての意味を持たないということも考えられるが、多くの高校においては、ホームルーム
　　活動、共通科目における学級単位の授業、学校行事などを通して、学級内で一定程度の相
　　互作用が生じているはずである。

(2)　学級文化の変数として、一週間学習時間の学級平均を用いなかった理由は二つある。第
　　一に、一週間学習時間の学級平均を独立変数、生徒個人の一週間学習時間を従属変数とし
　　た分析を行う場合、生徒自身が学級の一員であることによる自己相関(独立変数と従属変
　　数の重複)が生じてしまうためである。第二に、生徒から見える同級生の姿は、「自宅で
　　どれほど勉強しているか」よりも、「学校でどれほど勉強しているか」であるため、学級
　　文化が生徒に与える影響を見いだそうとするとき、授業熱心度のほうが適切であると考え
　　たためである。

(3)　「第4回 学習基本調査」によれば、平日の家庭学習時間は、小学生で平均81.5分、中学
　　生で平均87.0分、高校生で平均70.5分である。また、学習時間0の割合は、小学生で8.3%、
　　中学生で12.7%、高校生で24.3%である。

(4)　さらに言えば、学級内友人数が多い生徒は、同時に学級外友人数が多い生徒でもある(今
　　回のデータでは相関係数0.575)。つまり、学級内で友人が多い生徒は学級外でのネットワー
　　クも多く持っており、必ずしも学級の雰囲気だけに浸っているわけではない。この点でも、
　　ピアグループ効果は小さくなり得る。

〈 参考文献 〉

尾嶋史章編, 2001, 『現代高校生の計量社会学－進路・生活・世代』ミネルヴァ書房。

鈴木翔, 2012, 『教室内カースト』光文社新書。

竹内洋, 2016, 『日本のメリトクラシー－構造と心性 増補版』東京大学出版会。

東京大学教育学部・ベネッセ教育研究開発センター編, 2009, 『都立高校生の生活・行動・
　　意識に関する調査報告書』(報告書)。

東京大学教育学部・ベネッセ教育研究開発センター編, 2010, 『都立専門高校の生徒の学習
　　と進路に関する調査』(報告書)。

中村高康編，2010，『進路選択の過程と構造－高校入学から卒業までの量的・質的アプローチ』ミネルヴァ書房。

西本裕輝，2003，「学級文化と学力」原田彰編『学力問題へのアプローチ－マイノリティと階層の視点から』多賀出版，pp.85-110.

蓮尾直美・安藤知子編，2013，『学級の社会学－これからの組織経営のために』ナカニシヤ出版。

樋田大二郎・苅谷剛彦・堀健志・大多和直樹編，2014，『現代高校生の学習と進路－高校の「常識」はどう変わってきたか？』学事出版。

宮台真司，2006，『制服少女たちの選択－After 10 Years』朝日文庫。

山本功，2005，「高校生のアルバイトは非行を抑制するか」『犯罪社会学研究』第30号，pp.138-150.

KYとアクティブ・ラーニング
―グループ学習で困る人は？―

1 ── 問題設定

　本章の目的は、小中高生のアクティブ・ラーニング型の授業方法への適応を、学校段階および児童・生徒のコミュニケーション様式に着目して明らかにすることである。

　昨今の教育界では、官民ともにアクティブ・ラーニング型の授業方法の導入が叫ばれている。たとえば、2017年度上半期の日本教育新聞では、アクティブ・ラーニングの実践例が一面に連載されており、それが望ましいものであることは暗黙の前提のように見受けられる。教育関係書籍でも、『アクティブラーニング入門』『アクティブ・ラーニング実践の手引き』などが、数多く刊行されている。

　そもそも、アクティブ・ラーニングとはどのような授業方法を指すのか。溝上（2014）は、その定義を「一方向的な知識伝達型講義を聴くという（受動的）学習を乗り越える意味での、あらゆる能動的な学習」（p.7）としている。また、中央教育審議会（2012）では「教員による一方向的な講義形式の教育とは異なり、学修者の能動的な学修への参加を取り入れた教授・学習法の総称」とされている。両者に共通しているのは、アクティブ・ラーニングを「○○であるもの」ではなく、「○○でないもの」と定義している点である。具体的には、○○は講義形式の授業を指す。このような定義の仕方をする以上、その指示内容は無限に広がり得る[1]。また、アクティブ・ラーニングの目的も一様ではなく、学校教育法に基づく学力の三要素とされる、「知識・技能」「思考力・判断力・表現力」「主体的に学習に取り組む態度」の育成がすべて目指されている。

　本章の主眼は、アクティブ・ラーニングの定義を新たに定めたり、あるいは

現在の定義の不備を指摘したりすることではない。もちろん、そのような研究は重要であるが、ここでは学校現場において講義形式以外の授業方法が、アクティブ・ラーニングとして推奨される傾向が強まっていることを確認するにとどめておく。1990年代に「新しい学力観」に基づく授業が提唱されたとき、多くの教育関係者はその功罪を議論した。しかし、近年のアクティブ・ラーニングについては、国際的潮流に乗っているという認識もあってか、佐貫（2017）などの例外を除いて、批判的検討は相対的に少ない[2]。授業という学校教育の根幹にかかわる部分を変革する以上、その効果の実証的な検討は不可欠だろう。そこで本章では、小中高における、アクティブ・ラーニング型（と称されるであろう）授業方法を具体的に取り上げ、その効果を分析することで、近年の教育動向への示唆を導くことを目指す。具体的には、以下の二つの課題を中心に検討する。

　第一は、アクティブ・ラーニング型の授業方法への適応に、学校段階による差はないのかという課題である。西岡（2017）が指摘するように、アクティブ・ラーニングは、もともとアメリカの大学教育で使われ始めた用語である。しかし、それが近年の日本においては、小中高大に普遍的な理念のように語られ、学校段階による差異が無視または軽視されているように思われる。小学校においては、従来からアクティブ・ラーニングに類する授業が多く行われており、児童も教師もそのような授業に適応しやすいかもしれない。しかし、高校においては必ずしもそうではなく、さらに、学習内容の高度化や生徒の興味・関心の多様化も生じており、小学校とは異なる効果が観察される可能性もある。

　第二は、児童・生徒のコミュニケーション様式によって、アクティブ・ラーニング型の授業方法への適応格差が生じているのではないかという課題である。土井（2014）は、近年、若者たちの間で（知識や道徳ではなく）軽快でぶつからないコミュニケーションを重視する風潮が強まり、学校内の友人関係においてもKY（空気を読めない）を排除する生徒文化が広がっていることを指摘している。そのような中で、アクティブ・ラーニングはこれまで個人活動が多かった授業の内部にも、友人関係による有利・不利を持ち込み、空気を読むことをしない／できない児童・生徒の授業適応を左右する可能性はないだろうか。しかし、このような検討は近年のアクティブ・ラーニングに関する議論か

ら、抜け落ちてしまっている。

2 ── 使用データと分析枠組み

　本章で分析に使用するデータは、東京大学社会科学研究所・ベネッセ教育総合研究所が実施した「子どもの生活と学びに関する親子調査2015-2016」（JLSCP2015-2016）である。この調査は、日本全国の小中高生の親子を対象に、同一個人を追跡しているパネル調査であり、郵送によって回答を得ている。小学4年生～高校3年生の有効回答数は、2015年調査で11982名、2016年調査で11014名である。ただし、ベネッセ教育総合研究所のモニターが回答していることから、対象がある程度教育に関心がある層に偏っている点は念頭に置く必要がある。調査の詳細は、東京大学社会科学研究所・ベネッセ教育総合研究所編（2020）に記載されている。

　分析枠組みは以下の通りである。まず、2016年調査において、過去1年間に学校で受けた授業を尋ねているため、これを独立変数として設定する。次に、2015年調査と2016年調査の両方において、「授業が楽しい」という意識を尋ねているため、その変化を従属変数として設定する。そして、統制変数として、学校段階（小中高）と2015年調査で尋ねた「その場の空気を読んで行動する」という質問項目への回答を用いる。分析対象は、小4・5→小5・6、中1・2→中2・3、高1・2→高2・3と移行した児童・生徒とする。学校段階による違いに着目するため、中3→高1のように、学校段階をまたいだサンプルは用いない。その結果、サンプルサイズは小学生2257名、中学生2306名、高校生2028名となった。

　単年度のデータを分析した場合、授業方法と授業適応に関連が見られたとしても、それが授業方法の効果であると判断するのは難しい。「授業方法によって適応が高まった」という因果関係の他に、「適応が高い児童・生徒向けの授業方法が採用されている」という逆の因果関係が想定されるからである。しかし、同一個人を追跡している今回のデータを用いることで、その1年間におけ

る授業適応の変化を捉えることができ、授業方法の効果をより正確に推計することができる。

　ただし、授業適応を「授業が楽しい」という意識のみで捉えることには限界もある。授業はただ楽しければよいというものではないだろう。今回の分析はあくまで児童・生徒にとっての主観的な楽しさの変化という側面で、授業方法の効果を見るものである。学力調査と連結させた分析などは、今後の重要な課題である[3]。

3 ──「授業が楽しい」の経年変化

　表3−1が、従属変数である「授業が楽しい」の経年変化を示したものであ

表3−1　「授業が楽しい」の経年変化

| | | | | 2016年　授業が楽しい | | 合計 |
				あてはまる	あてはまらない	
小学生	2015年 授業が楽しい	あてはまる	度数	1568	201	1769
			パーセント	70.4%	9.0%	79.4%
		あてはまらない	度数	261	198	459
			パーセント	11.7%	8.9%	20.6%
	合計		度数	1829	399	2228
			パーセント	82.1%	17.9%	100.0%
	マクネマー検定			p=0.006		
中学生	2015年 授業が楽しい	あてはまる	度数	1235	290	1525
			パーセント	55.1%	12.9%	68.0%
		あてはまらない	度数	293	425	718
			パーセント	13.1%	18.9%	32.0%
	合計		度数	1528	715	2243
			パーセント	68.1%	31.9%	100.0%
	マクネマー検定			p=0.934		
高校生	2015年 授業が楽しい	あてはまる	度数	875	259	1134
			パーセント	44.0%	13.0%	57.0%
		あてはまらない	度数	297	558	855
			パーセント	14.9%	28.1%	43.0%
	合計		度数	1172	817	1989
			パーセント	58.9%	41.1%	100.0%
	マクネマー検定			p=0.117		

る。マクネマー検定は、該当割合に変化が生じたと言えるのかどうかを検定しているものである。有意確率（p）が 0.05 未満のとき、「授業が楽しい」と感じる児童・生徒の割合が、統計的に有意に増減したと解釈できる。

　表3－1より、小学生では1年間で授業が楽しいという割合がわずかに増加するものの、中学生・高校生では統計的に有意な増減は見られないことがわかる。一方、変動層（太枠部分）の割合に注目すると、小学生は 20.7%、中学生は 26.0%、高校生は 28.0% であり、全体としては増減していなくても、特に中学生や高校生では、個人内の変動が一定数見られる。

　表3－2、表3－3が、次節の分析で使用する変数の一覧である。「授業が楽しい」変化は、楽しい方向に変化した児童・生徒が1、楽しくない方向に変化した児童・生徒が－1、変化していない児童・生徒が0となる。変化していない児童・生徒の中に、楽しい状態を維持している者と楽しくない状態を維持している者が混在するが、本章の目的はあくまで、アクティブ・ラーニング型

表3－2　変数の設定

	調査年	設定方法
「授業が楽しい」変化	2015 ↓ 2016	「授業が楽しい」について、「とてもあてはまる」「まあありてはまる」＝1、「あまりあてはまらない」「まったくあてはまらない」＝0とし、2016 年回答から 2015 年回答を減算した。
女子ダミー	2016	女子＝1、男子＝0
大都市ダミー	2015	東京 23 区・政令指定都市＝1、それ以外＝0
最高学年ダミー	2016	小学 6 年生・中学 3 年生・高校 3 年生＝1、小学 5 年生・中学 2 年生・高校 2 年生＝0
両親平均教育年数	2015	父親と母親の最終学歴を教育年数に換算し、平均値を算出した。
国私立学校ダミー	2016	国立・私立学校に在籍している＝1、それ以外＝0
自主テーマ授業ダミー	2016	この1年間の「自分（自分たち）で決めたテーマについて調べる」授業について、「よくあった」「ときどきあった」＝1、「あまりなかった」「ほとんどなかった」＝0とした。
グループ授業ダミー	2016	この1年間の「グループで調べたり考えたりする」授業について、「よくあった」「ときどきあった」＝1、「あまりなかった」「ほとんどなかった」＝0とした。
発表授業ダミー	2016	この1年間の「調べたり考えたりしたことを発表する」授業について、「よくあった」「ときどきあった」＝1、「あまりなかった」「ほとんどなかった」＝0とした。
討論授業ダミー	2016	この1年間の「テーマについて討論（話し合い）をする」授業について、「よくあった」「ときどきあった」＝1、「あまりなかった」「ほとんどなかった」＝0とした。
空気読むダミー	2015	「その場の空気を読んで行動する」について、「とてもあてはまる」「まあありてはまる」＝1、「あまりあてはまらない」「まったくあてはまらない」＝0とした。

の授業方法が児童・生徒の授業適応の変化をもたらしているかどうかを検証することであるため、このような設定とした。

表3-2、表3-3に示されている自主テーマ授業、グループ授業、発表授業、討論授業の四つが、アクティブ・ラーニング型の授業方法に該当する（と思わ

表3-3　変数の記述統計量

		有効度数	最小値	最大値	平均値	標準偏差
「授業が楽しい」変化	小学生	2228	− 1.000	1.000	0.027	0.455
	中学生	2243	− 1.000	1.000	0.001	0.510
	高校生	1989	− 1.000	1.000	0.019	0.529
女子ダミー	小学生	2257	0.000	1.000	0.518	0.500
	中学生	2306	0.000	1.000	0.519	0.500
	高校生	2028	0.000	1.000	0.505	0.500
大都市ダミー	小学生	2255	0.000	1.000	0.299	0.458
	中学生	2303	0.000	1.000	0.288	0.453
	高校生	2027	0.000	1.000	0.306	0.461
最高学年ダミー	小学生	2257	0.000	1.000	0.498	0.500
	中学生	2306	0.000	1.000	0.504	0.500
	高校生	2028	0.000	1.000	0.510	0.500
両親平均教育年数	小学生	2037	9.000	18.000	14.330	1.551
	中学生	2002	9.000	18.000	14.276	1.548
	高校生	1722	9.000	18.000	14.190	1.557
国私立学校ダミー	小学生	2244	0.000	1.000	0.025	0.155
	中学生	2288	0.000	1.000	0.118	0.323
	高校生	2018	0.000	1.000	0.343	0.475
自主テーマ授業ダミー	小学生	2216	0.000	1.000	0.806	0.396
	中学生	2240	0.000	1.000	0.686	0.464
	高校生	1969	0.000	1.000	0.582	0.493
グループ授業ダミー	小学生	2214	0.000	1.000	0.925	0.264
	中学生	2237	0.000	1.000	0.870	0.336
	高校生	1973	0.000	1.000	0.663	0.473
発表授業ダミー	小学生	2211	0.000	1.000	0.890	0.313
	中学生	2230	0.000	1.000	0.809	0.394
	高校生	1970	0.000	1.000	0.570	0.495
討論授業ダミー	小学生	2208	0.000	1.000	0.778	0.416
	中学生	2230	0.000	1.000	0.687	0.464
	高校生	1964	0.000	1.000	0.543	0.498
空気読むダミー	小学生	2236	0.000	1.000	0.711	0.454
	中学生	2280	0.000	1.000	0.812	0.391
	高校生	1997	0.000	1.000	0.856	0.351

れる）ものである。それぞれダミー変数としたため、表3－3の平均値がその実施割合を表す。この値を見ると、四つの授業方法の実施割合は、小学生においては8〜9割前後と総じて高い。高校生になると相対的に減少するが、それでも5割を上回っており、高校の授業は座学ばかりというのは、先行世代のイメージにすぎない可能性がある。

　また、空気読むダミーの平均値に注目すると、空気を読んで行動している児童・生徒は、中学生・高校生では8割以上であり、小学生でも7割を上回っている。これを「最近の子供はしっかりしている」と読み取るか、「学校生活が息苦しいものになっている」と読み取るかは、意見が分かれるところであろう。

4 ── アクティブ・ラーニングの効果

　本節では、「授業が楽しい」変化を従属変数とする順序ロジスティック回帰分析を行う。順序ロジスティック回帰分析は、従属変数が順序尺度（今回の場合は、授業が「楽しい方向に変化」「変化なし」「楽しくない方向に変化」の3段階）のときに用いる、ロジスティック回帰分析の一種である。なお、今回のデータは、サンプルサイズは各学校段階で2000前後と決して小さくないが、「授業が楽しい」が変化している児童・生徒が少数であるため、回帰係数が統計的に有意になりづらい。そのため、統計的検定の有意性判定は、10％水準まで含めて行うこととする。また、分析の際、独立変数の欠損値（無回答など）を多重代入法によって補正する。予測変数は表3－2および表3－3に示した変数すべて、代入回数は5回、代入方法は多変量正規回帰とする[4]。

4－1　学校段階による違い

　最初に、児童・生徒のコミュニケーション様式は分析に加えず、学校段階ごとに、「授業が楽しい」変化の規定要因を分析する。その結果が表3－4である。
　表3－4より、まず、自主テーマ授業は、小学校では正の効果であるが、中

表3－4 「授業が楽しい」変化の規定要因（順序ロジスティック回帰分析） モデル1

	小学生			中学生			高校生		
	回帰係数	オッズ比	有意確率	回帰係数	オッズ比	有意確率	回帰係数	オッズ比	有意確率
女子ダミー	− 0.361	0.697	**	− 0.110	0.896		0.034	1.035	
大都市ダミー	0.130	1.139		− 0.105	0.900		− 0.076	0.927	
最高学年ダミー	0.042	1.043		0.527	1.693	***	0.423	1.527	***
両親平均教育年数	0.023	1.023		− 0.013	0.987		0.052	1.054	
国私立学校ダミー	0.020	1.020		0.002	1.002		− 0.129	0.879	
自主テーマ授業ダミー	0.333	1.394	*	− 0.174	0.840		0.101	1.106	
グループ授業ダミー	0.050	1.052		0.357	1.429	*	− 0.017	0.983	
発表授業ダミー	0.093	1.097		− 0.146	0.864		− 0.073	0.930	
討論授業ダミー	0.299	1.348	*	0.226	1.253	+	0.333	1.394	**
（閾値1）	− 1.511		**	− 1.716		**	− 0.833		+
（閾値2）	2.885		***	2.158		***	2.864		***
Nagelkerke 擬似決定係数	0.019			0.024			0.021		
尤度比のカイ二乗検定	p=0.000			p=0.000			p=0.000		
有効度数	2228			2243			1989		

*** p<0.001　** p<0.01　* p<0.05　+ p<0.1

学校と高校では明確な効果が見られない。小学校のうちは、日常レベルの身近なテーマを設定することが多いため、自分たちでテーマを決めることは児童にとって楽しいものとなるが、中学校や高校になると、教科学習で学んでいることは抽象的となり、総合学習でもある程度マクロな社会問題や科学技術を探究することが期待されるため、自分でテーマを設定することに苦手意識を感じる生徒がいると考えられる。

　次に、グループ授業は、中学校のみで授業が楽しいという意識を高める。小学校ではグループ授業がなくても児童が活発に発言する傾向があり、高校ではグループ授業で同級生とかかわることを億劫に感じる生徒が一定数いるためと考えられる。ただし、中学校でもグループ授業を楽しんでいる生徒ばかりではないことが、後の分析で示される。

　そして、発表授業は、すべての学校段階で統計的に有意な効果が認められない。発表の有無は、少なくとも児童・生徒の授業が楽しいという意識の変化とは、関連しないようである。

　最後に、討論授業は、学校段階を問わず、児童・生徒の授業が楽しいという

意識を高める。討論は日本の学校教育では相対的に少ない実践であり、一定のルールに基づいたディスカッションが新鮮な経験と捉えられるからかもしれない。しかし、これも全員がそうというわけではないことが、後の分析で示される。

4－2　コミュニケーション様式による違い

　次に、児童・生徒のコミュニケーション様式によって、授業方法の効果が異なるのかどうかを検証する。具体的には、表3－4のモデルに、授業方法と空気読むダミーの交互作用項を追加した分析を行う。その結果が表3－5である。

　表3－5より、まず、小学校では、グループ授業×空気読むダミーの交互作用が負になっている。つまり、空気を読む児童にとって、グループ授業が相対的に楽しくないものとなっている。小学校のグループ学習では、まわりのこと

表3－5　「授業が楽しい」変化の規定要因（順序ロジスティック回帰分析）　モデル2

	小学生			中学生			高校生		
	回帰係数	オッズ比	有意確率	回帰係数	オッズ比	有意確率	回帰係数	オッズ比	有意確率
女子ダミー	－ 0.319	0.727	**	－ 0.088	0.916		0.033	1.033	
大都市ダミー	0.099	1.104		－ 0.096	0.908		－ 0.075	0.928	
最高学年ダミー	0.062	1.064		0.535	1.707	***	0.427	1.533	***
両親平均教育年数	0.034	1.034		－ 0.010	0.990		0.052	1.053	
国私立学校ダミー	0.097	1.101		－ 0.013	0.987		－ 0.131	0.877	
自主テーマ授業ダミー	0.072	1.075		0.001	1.001		－ 0.427	0.652	
グループ授業ダミー	0.616	1.851		－ 0.163	0.849		－ 0.177	0.838	
発表授業ダミー	0.068	1.070		0.182	1.199		0.091	1.095	
討論授業ダミー	0.547	1.727	*	0.363	1.438		0.913	2.493	*
空気読むダミー	0.124	1.132		－ 0.346	0.707		0.042	1.043	
自主テーマ授業×空気読むダミー	0.393	1.482		－ 0.230	0.794		0.602	1.826	
グループ授業×空気読むダミー	－ 0.825	0.438	+	0.669	1.953	+	0.170	1.186	
発表授業×空気読むダミー	0.108	1.114		－ 0.398	0.672		－ 0.194	0.824	
討論授業×空気読むダミー	－ 0.329	0.720		－ 0.149	0.861		－ 0.651	0.522	+
（閾値1）	－ 1.219		+	－ 1.926		**	－ 0.815		
（閾値2）	3.224		***	1.968		***	2.892		***
Nagelkerke 擬似決定係数	0.032			0.030			0.024		
尤度比のカイ二乗検定	p=0.000			p=0.000			p=0.000		
有効度数	2228			2243			1989		

*** p<0.001　** p<0.01　* p<0.05　+ p<0.1

を気にせずに（空気を読まずに）自分の言いたいことを言った子供の「楽しみ勝ち」という側面があると考えられる。木村（1999）は、小学校において、物静かな子供がアイデアを持っていても、声の大きな同級生にかき消されるという光景がしばしば見られることを指摘している。

しかし、中学校では反対に、グループ授業×空気読むダミーの交互作用が正になっている。すなわち、空気を読む生徒にとって、グループ授業は相対的に楽しいものになっている。言い換えると、KY（と認識している）生徒にとって、グループ学習は必ずしも楽しいものではない。小学校とは逆に、空気を読む生徒のほうが、教室内でうまく適応できているということになる。自分の意見を遠慮なく言うことが肯定される小学校文化と、対人関係で空気を読むことが重視される中学校文化の違いが垣間見える。

そして高校段階になると、グループ授業と空気を読むことの間に、正の交互作用も負の交互作用も見られなくなる。KY（と認識している）生徒自身もその周囲の生徒たちも、グループ学習での無難な振る舞いを身につけるためと考えられる。小学生のように空気を読まない児童の一人勝ちもなければ、中学生のように空気を読まない生徒が排除されることもない、ある意味でドライな対応になる。しかし、討論授業×空気読むダミーの交互作用が負になっている点は注意を要する。グループ授業で同級生との衝突を避けるコツを身につけていても、討論となると、空気を読むことと自分の意見を明確に述べることのジレンマが顕在化する。そのため、空気を読むタイプの生徒にとって、討論授業は心理的なストレスになっている可能性がある。

5 —— まとめと結論

以上、小中高生のアクティブ・ラーニング型の授業方法への適応を、学校段階および児童・生徒のコミュニケーション様式に着目して分析してきた。

分析から導かれる実践的な含意は二つである。第一に、アクティブ・ラーニング型の授業方法を無条件に是とするのではなく、学校段階による違いを意識

する必要がある。たとえば、自主テーマ授業は、小学校では授業が楽しいという意識に正の効果が見られたが、中学校や高校では明確な効果を見いだせなかった。中学校や高校で行う場合は、テーマ設定を苦手とする生徒が一定数いることへの対応が求められる。苅谷（2002）による子供中心主義の教育への問題提起を振り返ることも有効だろう。

　第二に、空気を読めるかどうかによる、アクティブ・ラーニング型の授業方法への適応格差にも注意する必要がある。小学校でグループ学習を行うときは、空気を読んでしまうおとなしい児童への配慮が求められ、逆に中学校でグループ学習を行うときは、空気を読めないで浮いてしまう生徒への配慮が求められる。また、高校生においては、空気を読むタイプの生徒が、討論授業の効果を享受できない傾向があり、討論と対人関係は別物というルールを明示することの重要性が示唆される。茂木（2005）が論じるように、ディベートで重視されるべきは、発言者（誰が言ったか）ではなく、発言内容（何を言ったか）であるはずである。

　学問的な含意としては、今後、友人関係研究と授業効果研究の接合が求められることが挙げられる。アクティブ・ラーニング型の授業方法は、これまで個人単位の活動が多かった授業という場面に、友人関係による有利・不利を持ち込む側面がある。社会学の文脈では、格差と言うと階層・ジェンダー・エスニシティといったものが暗黙に想定されがちである。しかし、鈴木（2012）が指摘するように、児童・生徒の生活世界では、スクールカーストなどの人間関係の格差のほうがリアリティを伴って存在している可能性が高い。本田（2005）が述べるように、「コミュニケーション能力」が重視される近年の傾向を、生きづらさを伴った一種の社会病理と見なせるのであれば、その社会病理が学校内部の授業という場面で作用するきっかけとなるものが、アクティブ・ラーニングであるという見方もできる。これまで友人関係研究と授業効果研究は、別々の領域として進められることが多かったが、それでは子供たちの生活世界を断面的に捉えることになりかねない。本章は、二つの研究領域の接合のための一つの試みと位置づけられる。

　本章の限界は、すでに述べたように、従属変数として「授業が楽しい」の変

化のみを扱っていることである。これは授業適応の重要な要素と捉えられるが、授業は楽しければよいというものでもない。いわゆる学力や、自分の意見を論理的に述べる能力を従属変数とした分析が、今後の課題である。

《 注 》

(1) このような曖昧さを回避するためか、2017年改訂の小中学校の学習指導要領では、アクティブ・ラーニングという言葉は用いられず、「主体的・対話的な深い学び」という表現に置き換えられた。ただし、この置換にも問題がある。それは、「深い」という言葉が付されることによって、アクティブ・ラーニング型の授業を実施して効果が出なかった場合、「それは深い学びになっていないためで、真のアクティブ・ラーニングではない」という批判が常に可能であり、アクティブ・ラーニングそのものの是非を問う議論を封じ込めてしまうことである。

(2) 佐貫（2017）の批判は多岐にわたるが、一例として「討論させてみるのだけれど、なかなか議論が深まらないで、やがて議論が分散し、焦点のないままに終わり、議論がつまらないものになる」（p.59）や、「アクティブな授業をと言いながら、論争問題（憲法問題や自衛権問題や歴史論争問題等々）を積極的に取り上げようとすると、『中立性』を侵すという圧力がかかってきて、そういう論争的テーマで、議論を深める授業が取り組みにくい」（p.60）が挙げられる。

(3) 学校の授業方法を、教師ではなく児童・生徒本人に尋ねている点も、今回のデータの限界と見なし得る。ただし、この点は現実的には解決が難しい。なぜなら、授業方法について、教師の認識と児童・生徒の認識のどちらが正しいかは、判断できないからである。たとえば、教師が「生徒たちに自主的に学習課題を決めさせている」と述べ、生徒が「教師が学習課題を決めている」と述べた場合、どちらが真実であるかは一意には定まらない。本章では、児童・生徒の認識を採択したということである。

(4) 多重代入法は、分析に使用する変数の欠損値を、他の変数から予測して代入する手法である。ただし、その際、単一の値を代入するのではなく、複数のパターンの代入を行い、その結果を統合したものを、最終的な分析結果とする。欠損値が多いデータを分析するとき、平均値を代入したり、欠損値がある個人を除外したりするよりも、信頼性の高い分析結果が得られることが知られている。

《 参考文献 》

苅谷剛彦, 2002, 『教育改革の幻想』ちくま新書。

木村涼子, 1999, 『学校文化とジェンダー』勁草書房。

佐貫浩, 2017, 「『アクティブ・ラーニング』の批判的検討－真にアクティブでディープな学びの条件を考える」『生涯学習とキャリアデザイン』Vol.14, pp.59-79.

鈴木翔，2012，『教室内カースト』光文社新書。

中央教育審議会，2012，「新たな未来を築くための大学教育の質的転換に向けて（答申）」
（https://www.mext.go.jp/b_menu/shingi/chukyo/chukyo0/toushin/1325047.htm）。

土井隆義，2014，『つながりを煽られる子どもたち－ネット依存といじめ問題を考える』岩
波ブックレット。

東京大学社会科学研究所・ベネッセ教育総合研究所編，2020，『子どもの学びと成長を追う
－2万組の親子パネル調査から』勁草書房。

西岡加名恵，2017，「日米におけるアクティブ・ラーニング論の成立と展開」『教育学研究』
第84巻，pp.311-319.

本田由紀，2005，『多元化する「能力」と日本社会－ハイパー・メリトクラシー化のなかで』
NTT出版。

溝上慎一，2014，『アクティブラーニングと教授学習パラダイムの転換』東信堂。

茂木秀昭，2005，『身につけるディベートの技術－職場や学校、日常生活に必要な"知の手法"』
中経出版。

〈謝辞〉
　「子どもの生活と学びに関する親子調査」（JLSCP）は、東京大学社会科学研究所・ベネッ
セ教育総合研究所共同研究「子どもの生活と学び」研究プロジェクトが実施した調査です。
データの使用にあたっては、同プロジェクトの許可を得ました。プロジェクト代表である石
田浩先生（東京大学）、プロジェクトメンバーの耳塚寛明先生（青山学院大学）、秋田喜代美
先生（東京大学）、松下佳代先生（京都大学）、佐藤香先生（東京大学）、藤原翔先生（東京
大学）をはじめ、関係各位に御礼を申し上げます。

第4章 努力主義の勉強観とその影響
―「頑張ればできる」の功罪は？―

1 ―― 問題設定

　本章の目的は、小学生の努力主義、すなわち「頑張ればできる」という勉強観に着目し、その形成要因と影響を明らかにすることである。

　日本の教育界では、勉強に対して「頑張ればできる」と考える努力主義が強いと言われている。このことは苅谷（1995）が詳細に明らかにしたことであり、学力は先天的な能力や出身階層などの属性で決まるのではなく、努力によって決まるものであると捉えられているという。学校の教師がテストを返却するとき、高得点者に対して「よく頑張ったな」と言って答案を渡すという場面は、多くの人々にとって見覚えのあるものだろう。実際にはその子供はそれほど頑張っておらず、もともと知能が高かったため、あるいは勉強に親和的な家庭環境で育ったために、高得点を取れただけかもしれない。しかし、それらの可能性の中で、最終的に強調されるのが努力（「よく頑張ったな」）であるところに、教育界の努力主義を垣間見ることができる。

　竹内（1995）が検討している加熱・冷却論を援用すれば、このような努力主義は、子供を勉強に動機づける「加熱」の機能を果たしてきたと言えるだろう。近代以降、学校教育は子供たちに対して、努力すれば報われることを強調することで、将来に向けた意欲あるいは野心を「加熱」してきた。しかし、志水（2010）によれば、近年学校で「努力」という言葉が発せられることが減少しているという。世の中の風潮としても、阿部（2008）、橘木（2010）などによって、生まれ育った家庭による学業達成の格差が大きく注目され、本人の努力に還元されない不平等の存在が、多くの人々に認識されつつある。

では、近年の小学生に努力主義はどれほど浸透しているのだろうか。また、努力主義はどのように形成され、子供たちにどのような影響をもたらしているのだろうか。努力主義は子供たちを勉強に動機づけるという「功」の側面の他に、低学力者に自己責任を押しつけるというような「罪」の側面もあわせ持つのではなかろうか。本章では、努力主義の実態を確認した後に、その形成要因と功罪を実証的に検討する。

　分析に使用するデータは、ベネッセ教育総合研究所が2014年に実施した「小中学生の学びに関する実態調査」である。この調査は、日本全国の小学4年生〜中学2年生の親子を対象に、郵送によって回答を得たものである。有効回答数は小学生3450名、中学生1959名である。主にベネッセ教育総合研究所のモニターが回答していることから、ある程度教育に関心がある層に対象が偏っている点は念頭に置く必要があるが、学習やそれに関連する意識を重点的に調査しており、本章の研究関心に適している。調査の詳細はベネッセ教育総合研究所編（2015）に記載されている。

　なお、本章では中学生ではなく小学生をメインに分析を行う。その理由は、子供に努力主義が形成される初期に着目するためである。また、今回のデータには受験学年である中学3年生が含まれていないため、中学生の努力主義の全体像を明らかにすることは難しいという理由も存在する。中学生については、必要に応じて、補足的に分析する。

2 —— 努力主義の実態

　まず、現在の小学生・中学生に努力主義がどれほど浸透しているのかを確認する。努力主義の強さを表す変数としては、「誰でも努力すれば勉強が得意になれる」という質問項目に対する回答を使用する。その度数分布が表4−1である。

　表4−1より、小学生の76.5%までが「誰でも努力すれば勉強が得意になれる」と考えていることがわかる。「誰でも」というのは極めて強い表現である

表4-1　努力主義の度数分布

	小学4～6年生		中学1～2年生	
	パーセント	有効度数	パーセント	有効度数
とてもそう思う	40.5%	1390	25.5%	497
まあそう思う	36.0%	1237	37.3%	726
あまりそう思わない	18.3%	629	28.2%	549
まったくそう思わない	5.2%	180	9.0%	175
合計	100.0%	3436	100.0%	1947

ので、多くの児童が強い努力主義を有していることがうかがえる。また、中学生では努力主義を支持している割合が62.8%であり、小学生と比べていくらか減少する。このことから、小学生のときは素朴に「誰でも努力すれば勉強が得意になれる」と考えているが、中学生になると現実の厳しさを実感するなどして、努力主義の意識が薄らぐ生徒が一定数いる（それでも支持している生徒が多数派であるが）と推測される。なお、以下の分析では、度数が少なかった「あまりそう思わない」と「まったくそう思わない」を統合し、「そう思わない」とする。また、前述のように、小学生に焦点を当てて分析を行う。

　それでは、努力主義への支持は、出身階層によって異なるのだろうか。耳塚・牧野編（2007）、苅谷（2012）など、多くの研究が理論的・実証的に示しているように、階層上位の児童は家庭における経済資本や文化資本に恵まれ、相対的に努力が報われやすい者と位置づけられる。一方、階層下位の児童は、家庭の経済的・文化的制約によって、学習に関する支援を得られる機会が相対的に少ないなど、努力がなかなか成果につながらない現実に直面している可能性がある。以上のことから、階層上位の児童ほど努力主義をより支持しているということがあり得る。そこで、両親学歴・世帯年収と努力主義の関連を分析した結果が、表4-2～表4-4である。

　表4-2～表4-4より、予想に反して、親学歴・世帯年収といった出身階層と努力主義はほとんど関連していないことがわかる。つまり、努力が報われやすい環境にいるかどうかによらず、多くの小学生は素朴に努力主義を支持している。分析結果は省略するが、性別による差も見いだされない。

　なぜ、小学生はこれほどまで普遍的に、努力主義を支持しているのだろうか。

まず考えられるのは、「努力主義が真実であるから」という理由である。小学校段階の勉強であれば、努力すればできるようになるというのは概ね真実であり、その真実によって努力主義が支持されているという考え方である。そこで、努力主義の命題が実際に成立しているかどうかを検証してみよう。具体的には、一週間学習時間（今の学年になってからの平均時間）を独立変数、成績スコアを従属変数とする回帰分析を行う。

　なお、成績は公立小学校と国立・私立小学校では厳密には比較できないと考

表4－2　父学歴と努力主義の関係

		努力主義			合計	有効度数
		とても そう思う	まあ そう思う	そう 思わない		
父学歴	中学・高校卒	38.9%	37.4%	23.7%	100.0%	1076
	短大・専学卒	42.0%	32.3%	25.7%	100.0%	529
	大学・大学院卒	40.9%	36.6%	22.4%	100.0%	1715
合計		40.5%	36.2%	23.4%	100.0%	3320
独立性のカイ二乗検定		$p=0.232$				

表4－3　母学歴と努力主義の関係

		努力主義			合計	有効度数
		とても そう思う	まあ そう思う	そう 思わない		
母学歴	中学・高校卒	40.0%	36.2%	23.8%	100.0%	905
	短大・専学卒	41.4%	34.9%	23.7%	100.0%	1622
	大学・大学院卒	39.5%	38.1%	22.4%	100.0%	856
合計		40.5%	36.1%	23.4%	100.0%	3383
独立性のカイ二乗検定		$p=0.620$				

表4－4　世帯年収と努力主義の関係

		努力主義			合計	有効度数
		とても そう思う	まあ そう思う	そう 思わない		
世帯年収	500万円未満	38.7%	35.9%	25.4%	100.0%	1008
	500～800万円	42.7%	35.5%	21.8%	100.0%	1353
	800万円以上	39.3%	37.2%	23.5%	100.0%	941
合計		40.5%	36.1%	23.4%	100.0%	3302
独立性のカイ二乗検定		$p=0.168$				

え、本分析のみ対象者を公立小学校の児童に限定した。また、直線推計では当てはまりが悪かったため、自然対数（log）を用いた曲線推計を行った。一週間学習時間は、平日・休日それぞれの学習時間の回答について、「6時間以上」は6.5時間と見なした上で、平日学習時間×5＋休日学習時間×2で算出した。成績スコアは、保護者が回答した国算理社の成績5段階（1〜5）の平均値を用いた。分析結果が図4−1である。

　図4−1が示すように、努力主義の命題はごく限定的にしか正しくない。確かに、学習時間が長い（努力している）児童ほど成績が高い傾向があるが、決定係数は0.059であり、学習時間は成績スコアの分散の5.9％しか説明できない。測定誤差を考慮して、成績スコアの予測値と実測値の差が0.5未満の者を「予測的中」と見なしても、的中率は38.3％であり、学習時間によって成績を説明できている児童は、およそ3人中1人しか存在しない。言い換えれば、3人中2人は「勉強しているわりには成績が低い」あるいは「勉強していないわりには成績が高い」状態にあるということである[1]。

　以上の分析から、努力主義は実際にはごく限定的にしか正しくなく、にもかかわらず、多くの児童に広く浸透している、一種の神話であることがわかる。それでは、子供たちはどのような経路で努力主義の勉強観を獲得したのだろうか。

図4−1　一週間学習時間と成績スコアの関係

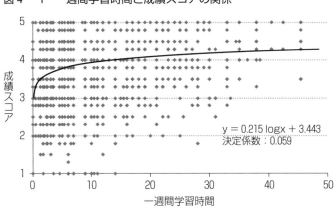

3 ── 努力主義の形成要因

　小学生が努力主義を支持するにあたって、教育雑誌を読んで知ったとか、自身で哲学的に考えて達したとかということは、およそ考えられない。大きくは家庭の影響と学校の影響が想定される。また、通塾している場合は学習塾の影響もあるかもしれない。

　まず、親子の努力主義の関連を分析する。今回のデータでは、保護者にも子供と同じ質問文で努力主義を尋ねているため、親子の努力主義の関連を分析することができる。なお、父親による回答と母親による回答が混在すると、解釈を行いづらいため、回答者が母親であるケースに限定して分析を行う[2]。分析結果が表4－5である。

　表4－5より、親子の努力主義の間には、明確な関連が見いだされる。やはり、努力主義は家庭における文化継承という側面が強い。ただし、表の右側の有効度数から算出すると、母親では「とてもそう思う」が17.8%、「まあそう思う」が50.8%、「そう思わない」が31.4%であるので、子供（同40.9%、35.6%、23.5%）は親以上に努力主義を支持している。つまり、子供の努力主義は、家庭における文化継承＋αということである。

　次に、学校の影響を確かめるため、学校の授業と努力主義の関連を分析する。学校の授業については、「学校の授業の中で次のようなことがどれくらいありましたか」として、各活動について「よくある」「ときどきある」「あまりない」

表4－5　親努力主義と努力主義の関係

		努力主義			合計	有効度数
		とても そう思う	まあ そう思う	そう 思わない		
親努力主義	とてもそう思う	52.9%	29.8%	17.3%	100.0%	567
	まあそう思う	41.4%	37.2%	21.4%	100.0%	1619
	そう思わない	33.2%	36.3%	30.4%	100.0%	999
合計		40.9%	35.6%	23.5%	100.0%	3185
独立性のカイ二乗検定		p=0.000				

「ほとんどない」の４件法で尋ねている。それらと努力主義の関連について、これまでの表と同様のクロス集計を行う。ただし、分析結果が膨大になるため、クロス表のパーセントは省略し、関連の強さを表すガンマ係数と有意確率のみを記載する。その結果が表４－６である。

表４－６より、興味深いことがわかる。それは、ほぼすべての学校の授業が、努力主義と統計的に有意な関連を有していることである。推察するに、ドリルを解こうが、調査をしようが、試験を受けようが、発表をしようが、活動の内容・形式にかかわらず、その過程や評価において、教師から「よく頑張ったね」や「もっと頑張れば、もっと良いものができたね」というメッセージが発せられるのではなかろうか。これが「隠れたカリキュラム」として、児童に努力主義を浸透させていると考えられる。

なお、今回の分析で統計的に有意な関連が見られなかった授業変数は、パソコンを使った授業と外部の人が来て教えてくれる授業の二つのみである。パソコンはそのままの意味で「非人間的」に、努力では克服困難な適性や生育環境（情報機器に慣れ親しんできたか）の存在を児童に伝えており、教師による努力主義のメッセージを打ち消している可能性がある。外部人材の授業については、授業者が学校の教師ではない。これらのことからも、努力主義は「学校の教師」の教育実践に特徴的に内包されていると推察できる。

では、日本における「影の教育」とも言われる、学習塾の影響はどうだろう

表４－６　学校の授業と努力主義の関係

	ガンマ係数	独立性のカイ二乗検定
ドリルやプリントを使う授業	0.113	***
自分で考えたり調べたりする授業	0.253	***
集団で考えたり調べたりする授業	0.197	***
人に話を聞きに行く授業	0.122	***
調べたことを紙面にまとめる授業	0.203	***
自分の考えや意見を発表する授業	0.244	***
確認テストや小テストをする授業	0.145	***
パソコンを使った授業	0.007	
外部の人が来て教えてくれる授業	0.061	

*** p<0.001　** p<0.01　* p<0.05

表４−７ 学習塾と努力主義の関係

		努力主義			合計	有効度数
		とても そう思う	まあ そう思う	そう 思わない		
学習塾	通っている	41.1%	35.9%	23.0%	100.0%	825
	通っていない	40.3%	36.0%	23.7%	100.0%	2611
合計		40.5%	36.0%	23.5%	100.0%	3436
独立性のカイ二乗検定		p=0.889				

か。ブレイ（2014）は、日本を含む東アジア諸国の特徴として、学習塾が子供の学習に大きな影響を与えていることを論じている。通塾と努力主義がどのように関連しているかを分析した結果が、表４−７である。

表４−７より、通塾と努力主義の間には関連が見いだされない。分析結果は省略するが、プリント教材教室（公文式など）と努力主義の関連についても同様である。つまり、「日本の教育界には努力主義が根づいている」という記述は必ずしも正確ではなく、「日本の学校には努力主義が根づいている」と記述したほうが正確である。学校の教師は、意図的・無意図的に、児童に努力主義を伝達する主体となっていると考えられる。今回のデータで国際比較はできないが、日本の学校文化の特質を捉えているのではなかろうか。

4 ── 努力主義の影響

これまでの分析で、努力主義は実体としてはほとんど成立していないにもかかわらず、小学生に普遍的に浸透していること、その形成には家庭における文化継承に加えて学校教育が寄与していることが明らかになった。この状況を、現実とは異なる通念を子供たちに伝達していると捉えて、その欺瞞を批判することは可能ではある。しかし、努力は決して無駄にはならない、学習には動機づけが必要だという視点に立てば、努力主義を安易に否定することも適切ではないだろう。

そこで本節では、努力主義が児童の学習時間や成績、自己認識に与える影響

を分析し、その功罪について考察を進める。まず、一週間学習時間と成績スコアそれぞれを従属変数とする重回帰分析を行った結果を示す。月齢は早生まれ・遅生まれの区別をしている変数で、調査時点（2月）でその年度の誕生月から何ヶ月が経っているかを表す。きょうだい数で「4人以上」は4.5人、世帯年収で「2000万円以上」は2250万円とした。これらの影響を統制することで、努力主義が学習時間や成績に与える真の効果に接近する。分析結果が表4－8である。

　表4－8より、努力主義は小学生の学習時間を長くし、成績を高めることにも寄与していることがわかる。努力が報われると思うからこそ頑張れる、ということだろう。実際には努力は必ずしも学力につながるとは限らないが、学力につながると信じることで学習意欲が高まり、結果的に学力が高まりやすくなるというメカニズムが生じていると考えられる。

　しかし、努力主義の「功」の側面ばかりを強調するのも、楽観的にすぎるだろう。「頑張ればできる」という命題が真であるとすれば、その対偶である「で

表4－8　一週間学習時間と成績スコアの規定要因（重回帰分析）

	一週間学習時間			成績スコア		
	回帰係数	標準化回帰係数	有意確率	回帰係数	標準化回帰係数	有意確率
女子ダミー	0.921	0.061	***	0.037	0.022	
月齢	0.016	0.007		0.022	0.087	***
きょうだい数	− 0.464	− 0.048	**	− 0.054	− 0.049	**
父学歴（教育年数）	0.237	0.066	***	0.042	0.103	***
母学歴（教育年数）	0.312	0.064	***	0.080	0.145	***
世帯年収（100万円単位）	0.201	0.091	***	0.026	0.105	***
母専業主婦ダミー	0.472	0.029		0.018	0.010	
通塾ダミー	6.950	0.390	***	0.015	0.007	
努力主義：とてもそう思うダミー	2.103	0.136	***	0.283	0.161	***
努力主義：まあそう思うダミー	0.879	0.056	**	0.184	0.102	***
（定数）	− 2.358			1.735		***
決定係数	0.241			0.103		
回帰のF検定	p＝0.000			p＝0.000		
有効度数	3088			3153		

*** p＜0.001　** p＜0.01　* p＜0.05

きないのは頑張っていないからだ」も真ということになる。「できないのは頑張っていないからだ」という発想は、もともと勉強が苦手な子供、家庭背景などで困難を抱えている子供に、「努力が足りない」という的外れな自己責任を押しつけることになりかねない。そのことが、子供たちの意識に負の影響をもたらしている可能性も考えられる。

　この点を確かめるため、努力主義が子供の自己認識に与える影響を分析してみよう。以下のクロス集計では、成績スコア 3.75 〜 5.00 を「上位」、1.00 〜 3.50 を「中下位」とする[3]。分析結果が表 4 − 9、表 4 − 10 である。

　表 4 − 9、表 4 − 10 より、努力主義「そう思わない」群では、成績と「何をやってもうまくいかない」「勉強が計画通りに進まない」に明確な関連がないのに対して、努力主義「とてもそう思う」「まあそう思う」群では、成績下位になるほど「何をやってもうまくいかない」「勉強が計画通りに進まない」と感じることが読み取れる。努力主義を支持しているということは、「頑張ればできるはず」と考えているということである。しかし、実際には成績下位にとどまってしまう者が一定数生じる。「頑張ればできるはず」と「自分はできない」が並立するとき、その子供は自身に対して「うまくいかない」「計画通りに進まない」という自己否定感や焦燥感を抱いてしまうと考えられる。

　また、山田（2006）が論じるように、努力主義は格差を容認する意識と親和的である。努力主義は論理的に、何かしらの困難を抱えている個人を「努力不足」と見なすことにつながる。努力主義は、成績下位の子供たちに「何をやってもうまくいかない」「勉強が計画通りに進まない」と思わせるだけでなく、成績上位の子供たちに、「勉強が苦手な子たちは頑張っていないんだろう」と思わせることもあり得るのである。小学校段階の子供が、同級生の家庭背景やさまざまな事情にまで想像をめぐらせることは難しい。素朴な努力主義が誤解や偏見につながる危険性は、学級経営においても無視できないだろう。

表4－9　努力主義ごとの成績と「何をやってもうまくいかない」の関係

努力主義			何をやってもうまくいかない		合計	有効度数
			あてはまる	あてはまらない		
とても そう思う	成績	上位	27.4%	72.6%	100.0%	860
		中下位	40.5%	59.5%	100.0%	513
	合計		32.3%	67.7%	100.0%	1373
	独立性のカイ二乗検定		p=0.000			
まあ そう思う	成績	上位	26.0%	74.0%	100.0%	718
		中下位	40.0%	60.0%	100.0%	502
	合計		31.8%	68.2%	100.0%	1220
	独立性のカイ二乗検定		p=0.000			
そう 思わない	成績	上位	35.7%	64.3%	100.0%	406
		中下位	41.4%	58.6%	100.0%	394
	合計		38.5%	61.5%	100.0%	800
	独立性のカイ二乗検定		p=0.116			

表4－10　努力主義ごとの成績と「学習が計画通りに進まない」の関係

努力主義			学習が計画通りに進まない		合計	有効度数
			あり	なし		
とても そう思う	成績	上位	21.9%	78.1%	100.0%	863
		中下位	33.8%	66.2%	100.0%	517
	合計		26.4%	73.6%	100.0%	1380
	独立性のカイ二乗検定		p=0.000			
まあ そう思う	成績	上位	21.5%	78.5%	100.0%	720
		中下位	32.8%	67.2%	100.0%	509
	合計		26.2%	73.8%	100.0%	1229
	独立性のカイ二乗検定		p=0.000			
そう 思わない	成績	上位	31.0%	69.0%	100.0%	410
		中下位	33.3%	66.7%	100.0%	396
	合計		32.1%	67.9%	100.0%	806
	独立性のカイ二乗検定		p=0.521			

5 ── まとめと結論

　本章で得られた知見は主に三点である。第一に、努力主義は実体としてはほとんど成立していないにもかかわらず、多くの小学生に普遍的に浸透している。

第二に、努力主義の形成には家庭における文化継承に加えて、学校の教師による全授業を通した働きかけが寄与している。第三に、努力主義は児童の学習時間を長くし、成績を高める側面もあるが、成績下位の児童に自己否定感や焦燥感を与える側面もある。

このような努力主義の功罪をふまえたとき、努力主義を無条件に肯定することも批判することも難しい。まずは、その実態と機能を正しく理解することが重要であろう。試論として提言を述べれば、教師や保護者は、実際にはほぼ幻想である努力主義を学習への動機づけにうまく「活用」しつつも、低学力者に「努力不足」という（多くの場合不当な）レッテルを貼ることなく、学習方略の助言などの具体的教育支援を行うことが求められるのではなかろうか。教師は児童に放課後や休日まで付き添っているわけではないため、児童がどれくらい「頑張っているか」を正確に知ることは難しい。そのため、えてして、結果から「逆算」してその児童が頑張っているかどうかを判断する（たとえば、テストの得点が悪かったことで、この子は頑張っていないのだろうと推測する）という事態が生じる。この「逆算」に誤りの可能性があることには注意が必要だろう。

今後、教師や保護者のどのような働きかけが、努力主義の「功」の側面を大きくし、「罪」の側面を小さくするのかを分析することが求められる。また、中学 3 年生といった受験学年に着目した分析も必要である。

〈 注 〉

(1) 同様の分析を中学生に対して行ったところ、一週間学習時間が成績スコアに与える影響は、決定係数 0.055、的中率 32.4% と、やはり極めて小さかった。努力主義の命題が限定的にしか当てはまらないことは、小学生・中学生に共通である。

(2) 保護者の回答者 3450 名の内訳は、父親 213 名、母親 3207 名、その他 6 名、不明 24 名であった。これらのうち、最も回答者が多かった母親を分析に用いた。

(3) 成績スコアの範囲が均等になるように上位・中位・下位を設定するのであれば、成績スコア 3.75 〜 5.00 を「上位」、2.50 〜 3.50 を「中位」、1.00 〜 2.25 を「下位」とすべきである。しかし、今回のデータでは成績を下位側に回答した者が少なかったため、三分割した場合、成績下位層について信頼できる分析結果が得られないと判断し、中位と下位を統合して「中下位」とした。

《 参考文献 》

M. ブレイ，2014，『塾・受験指導の国際比較』東信堂（鈴木慎一訳）。

阿部彩，2008，『子供の貧困－日本の不公平を考える』岩波新書。

苅谷剛彦，1995，『大衆教育社会のゆくえ－学歴主義と平等神話の戦後史』中公新書。

苅谷剛彦，2012，『学力と階層』朝日文庫。

志水宏吉，2010，『学校にできること－一人称の教育社会学』角川選書。

竹内洋，1995，『日本のメリトクラシー－構造と心性』東京大学出版会。

橘木俊詔，2010，『日本の教育格差』岩波新書。

ベネッセ教育総合研究所編，2015，『小中学生の学びに関する実態調査報告書』（報告書）。

耳塚寛明・牧野カツコ編，2007，『学力とトランジッションの危機－閉ざされた大人への道』
　　金子書房。

山田哲也，2006，「学校教育は互恵的な社会関係を生み出すのか？－教育の社会化機能にみ
　　る『格差』是正の可能性」『教育学研究』第73巻，pp.403-419.

都道府県ごとの学級崩壊発生率
－都市部と地方はどう違う？－

このコラムでは、第1章〜第4章では扱わなかったテーマとして、学習と生徒文化の両方に関連する「学級崩壊」について検討してみたい。

学級崩壊という言葉は小学校に対して使われることが多い（中学校では「荒れ」などが使われる傾向がある）が、ここでは、小中学校の両方に対して使用する。読者の皆さんに問題を出してみたい。学級崩壊はいわゆる都市部で多いのだろうか、それとも地方で多いのだろうか。テレビドラマのイメージなどで、都市部のほうが学校の教師が苦労していると考える人もいるだろう。逆に、地方のほうが昔ながらの「ヤンキー」が生き残っているため、学級崩壊があると考える人もいるかもしれない。

このことをデータに基づいて検証してみよう。しかし、困ったことに、学級崩壊の全国統計は存在しない。そこで代わりになるデータを探すと、文部科学省が毎年実施している「全国学力・学習状況調査」の学校質問紙に、「調査対象学年の児童／生徒は、授業中の私語が少なく、落ち着いていると思いますか」という項目がある。調査対象学年とは小学6年生と中学3年生のことで、原則として校長が回答している。2019年の公立小学校の回答は、「そう思う」38.7%、「どちらかといえばそう思う」49.0%、「どちらかといえばそう思わない」11.5%、「そう思わない」0.8%、公立中学校の回答は、「そう思う」53.3%、「どちらかといえばそう思う」40.9%、「どちらかといえばそう思わない」5.5%、「そう思わない」0.3%である。基本的に、多くの学校は「そう思う」「どちらかといえばそう思う」と答えているので、少数の「どちらかといえばそう思わない」「そう思わない」と答えている学校が、

学級崩壊が問題化している（あるいは問題になりそうな）学校であると捉えることができる。以下、このデータを学級崩壊の指標と見なすこととする。

　なお、都道府県別の分析を行う前に、小学校と中学校を比較すると、先ほどの数値が示すように、学級崩壊は中学校のほうが少ない。もしかすると「中学校のほうが教室が荒れやすい」というイメージを持っている人がいるかもしれないが、少なくとも現代では、そのようなことはなく、「子供たちは中学校に上がるとおとなしくなる」というのが実情に近い。ちなみに、OECD（経済協力開発機構）が2018年に実施した「国際教員指導環境調査」（TALIS）の日本データでも、担当学級で授業妨害があると回答した教師の割合は、小学校で10.8%、中学校で8.1%である。やはり中学校のほうが落ち着いている。

　それでは、学級崩壊が都市部と地方のどちらで多いのかを調べるため、都道府県別の学級崩壊発生率を算出してみよう。「全国学力・学習状況調査」の先ほどの質問で、「どちらかといえばそう思わない」「そう思わない」と答えた学校の割合を、都道府県別に求めるのである。しかし、ここで注意しないといけないことがある。それは、「全国学力・学習状況調査」の都道府県別データは、あくまで公立学校について集計された値であるということである。特に都市部では、国立・私立学校に通っている小中学生が一定数いるため、公立学校のデータは全体を反映した値になっていない。そこでここでは、2019年の文部科学省「学校基本調査」から、国立・私立学校に通う小学6年生・中学3年生の割合を都道府県別に算出し、それが学級崩壊発生率に与える影響を統計的に取り除くことにする。より詳細に述べれば、都道府県単位で、国立・私立学校に通う児童・生徒割合の学級崩壊発生率に対する回帰係数を算出し、国立・私立学校に通う児童・生徒割合×回帰

係数を学級崩壊発生率から減算した。

　このようにして求めた、（国立・私立学校に通う児童・生徒割合を補正した）都道府県別の学級崩壊発生率を見てみると、小学校では東京都 15.5%、千葉県 15.0% などが高く、中学校では島根県 12.6%、和歌山県 10.8% などが高い。どうやら、小学校と中学校では傾向が異なるようである。都道府県別の学級崩壊発生率を左右する要因は、何だろうか。教育関係で都市部と地方で大きく異なるものとしてしばしば挙げられるのが、親世代の大学進学率である。都市部では大学・大学院卒の保護者が多く、地方では少ない傾向があり、それが学校の授業の「やりやすさ」に影響しているという指摘がある。そこで、1992 〜 1995 年の「学校基本調査」から、当時の四年制大学進学率を都道府県別に算出し、この親世代大学進学率と現在の学級崩壊発生率の関係を示したものが図 C − 1、図 C − 2 である。

　図 C − 1、図 C − 2 より、強い関連ではないものの、小学校と中学校では学級崩壊発生率に逆の傾向が見られることがわかる。小学校においては、親世代の大学進学率が高い都市部であるほど学級崩壊が起こりやすく、中学校においては、地方であるほど学級崩壊が起こりやすい。したがって、冒頭で提示した問題「学級崩壊は都市部で多いのだろうか、それとも地方で多いのだろうか」の正解は、「小学校か中学校かで異なる」である。問題が悪問だったとも言えるが、当てられた人はいるだろうか。

　それにしても、このような小学校と中学校の傾向の違いは、なぜ生じるのだろうか。一つの推論であるが、小学校では、高学歴の保護者が多い地域であると、教師の権威が高くなく、保護者が学校にいろいろ口出しをしてきたり、あるいは保護者が子供の前で教師を批判したりするなど、学級崩壊につながる諸事象が生じやすいのではなかろうか。一方で中学校になると、親が学校に口

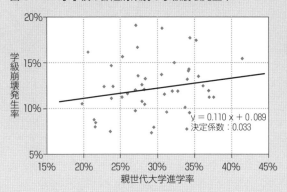

図C－1　小学校の都道府県別の学級崩壊発生率

（縦軸）学級崩壊発生率
（横軸）親世代大学進学率

y ＝ 0.110 x ＋ 0.089
決定係数：0.033

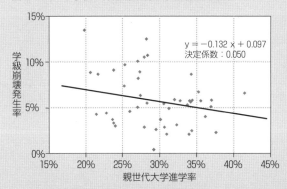

図C－2　中学校の都道府県別の学級崩壊発生率

（縦軸）学級崩壊発生率
（横軸）親世代大学進学率

y ＝ －0.132 x ＋ 0.097
決定係数：0.050

を出すことや、子供に直接的に影響を与えることが少なくなる。
すると、大学進学が当たり前という雰囲気がある地域のほうが、
生徒も学校の勉強に親和的になりやすいのかもしれない。読者の
皆さんも、小学校と中学校で学級崩壊の傾向が異なる理由を、考

察してみていただきたい。

　なお、すでに述べたように、図C－1、図C－2ともに、親世代大学進学率と学級崩壊発生率はそもそも強い関連ではない。学級崩壊の地域性を見るためには、都道府県別ではなく市区町村別のような、より細かいデータが適している可能性がある。

第 **2** 部

中高一貫校

第5章 私立中学校の入試ランクによる違い
ー中高一貫校はエリート校？ー

1 ── 問題設定

　本章の目的は、私立中高一貫校を取り巻く状況、およびそこに通っている中学生の生活と意識を、公立中学校との比較を通して明らかにすることである。

　私立中高一貫校が世間的に注目を集めて久しい。近年では公立中高一貫校の設立も進んでおり、中高一貫教育への関心はさらに高まっていると言えるだろう。そのような中にあって、これまで樋田（1998）、油布・六島（2006）など、中高一貫教育の特徴を整理する研究は少なからずなされてきた。これらの研究は、中高一貫校において中学校と高校を連続させた効率的なカリキュラムが組まれていることや、一方で中高一貫校に通うことができるのは主に都市部の富裕層であるため、義務教育の機会均等に触発する可能性があることなどを指摘してきた。しかし、これまでの研究には大きく分けて二つの課題が残されていたように思える。

　第一に、中高一貫教育の特徴をカリキュラムや制度・理念の面から考察しているものの、実際にそこに通っている生徒の生活や意識を考察するという視点が欠けていた。第二に、中高一貫校の内部多様性、特に入試ランクによる生徒像の差異が十分には分析されてこなかった。中高一貫校の意義や課題を論じる上で、生徒の生活や意識を明らかにすることは不可欠であるし、後述するように、入試ランクによる生徒像の差異も十分に検討する必要がある。本章では、公立中高一貫校は統計分析の対象とするには少数であるという理由から、ある程度安定した学校システムを有している私立中高一貫校を分析対象とする。

　一般に私立中高一貫校というと、難関大学に多くの生徒が進学するエリート

的な教育機関として描かれることが少なくない。1990年代の時点で秦（1993）は、「私立中学校の生徒たちは、すでに選抜されてきており、一定水準以上の学力をもっていると同時に、レヴェルが均一化している。率直にいって、私立中学校に『底辺校』はない」（p.102）と述べている。近年の議論でも、たとえば和田（2008）や出羽（2009）は、私立中高一貫校への進学に対するスタンスが正反対であるにもかかわらず、ともに私立中高一貫校を主に高学力層が難関大学を目指す場として描いているという点では共通である。

　しかし、このようなイメージは、いわゆる上位校には当てはまっても、そうではない私立中高一貫校には当てはまらないと考えられる。これまで樋田ほか編（2000）、尾嶋編（2001）など、高校を対象とした多くの先行研究は、同じ制度に基づく学校であっても、入試ランクによって生徒の学業適応や進路がかなり異なることを示してきた。このような入試ランクによる差異は、私立中学校においても観察されるはずである。というのも、私立中学校は、内申点ではなく試験によって選抜される程度が大きいため、高校よりも厳格に、いわゆる「偏差値輪切り」（入学時の学力による層化）がなされていると考えられるからである。私立中高一貫校は決して一枚岩ではなく、入試ランクによって学習や学校生活に種々の差異が生じているのではなかろうか。

　以上の議論をふまえて、本章では、私立中高一貫校の置かれた状況やそこに通う生徒の生活や意識を、公立中学校との比較を行いつつ、特に入試ランクに注目して分析することとする。そうすることで、私立中高一貫校の実態と課題が実証的に見いだされ、同時に中学校段階における学校階層構造の一端が明らかになるはずである。

2 —— 使用するデータ

　本章で使用するデータについて説明する。まず、第3節では、中学受験案内や各種統計調査といったマクロデータの分析を通して、私立中高一貫校の現状を概観する。そして第4節において、生徒を対象としたミクロデータの分析に

よって、私立中高一貫校に通う生徒の生活や意識の特徴を明らかにする。そこで使用するデータは、東京大学教育学部が2003年と2004年に実施した「首都圏の私立中学生の生活・意識・行動に関する調査」と「東京都の中学生の生活・意識・行動に関する調査」である。

　両調査は東京都の中学2年生を母集団として実施されたものであり、2003年は私立中学23校、2004年は公立中学13校が対象となった。私立中学校は、中高一貫校のみを調査対象とし、学校タイプ（入試ランク、共学別学、大学附属かどうか）にできるだけ偏りが生じないように選定された。調査は学校を通した集団自記式で実施され、最終的な有効回答数は、私立中学生3566名、公立中学生1218名である。調査の詳細は、東京大学大学院教育学研究科比較教育社会学コース編（2005）に記載されている。

　なお、私立中学生について分析するときは、入試ランク（上位校・中位校・下位校）×共学別学（共学校・男子校・女子校）の類型ごとの生徒数比率が母集団における同比率に一致するように、ウェイト調整を行っている。母集団における生徒数比率は、声の教育社『平成16年度用中学受験案内』から算出した。また、入試ランクは首都圏模試2003年偏差値（男女中間値・第1回午前入試）80%合格ラインを用い、在籍生徒数ができるだけ均等になるように、偏差値61以上を上位校、48以上61未満を中位校、48未満を下位校とした。

3 ── 私立中高一貫校の現状

　まずは、近年における私立中学生徒数の推移を見ておこう。図5－1は文部科学省「学校基本調査」から算出した、首都圏（東京都・神奈川県・千葉県・埼玉県）の私立中学生徒数とその割合を示している。

　図5－1から、私立中学生の割合は1980年代後半から1990年代前半にかけて急増し、その後も少しずつ増加傾向にあることがわかる。そして、2010年の私立中学生の割合は14.3%であり、首都圏の中学生の7人に1人は私立中学校に通っていることになる。

図5-1　首都圏の私立中学生徒数の推移

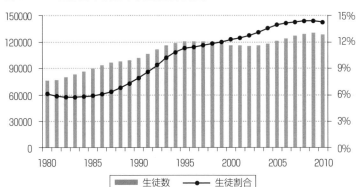

　ここで、トロウ（1976）の教育発展段階論を援用すれば、私立中高一貫校へ
の進学はエリート段階からマス段階へ移行しつつあると考えることができる。
教育発展段階論は大学進学率の上昇に関する理論であり、マス段階とは進学率
が15%を超えた状態で、進学者層が一部の特権階級から大衆に拡大するとさ
れている。この理論を私立中高一貫にも適用すると、ごく一部の富裕層の子供
だけが私立中学校に進学するという時代は、少なくとも首都圏では終焉を迎え
ようとしていることが推測できる。

　次に、私立中高一貫校の難関大学進学率を見てみよう。なお、どこまでが「難
関大学」であるかは一意には決まらないが、本章では便宜的に、国立大学は旧
帝国大学（東京大学など七大学）・東京工業大学・一橋大学を、私立大学は早
稲田大学・慶應義塾大学・上智大学・東京理科大学・国際基督教大学（いわゆ
る早慶上理基）を難関大学とした。難関大学進学率の算出には、声の教育社『平
成23年度用中学受験案内』に掲載されている、2009年度の各校の大学別合格
者数および卒業生数のデータを用いた。

　難関大学進学率の算出方法を述べる。まず、旧帝国大学・東京工業大学・一
橋大学の合格者数に、早慶上理基の合格者数の3分の1を加算して、各校の難
関大学進学者数を算出した。私立大学の合格者数に3分の1をかけるのは、私
立大学の場合、合格した者が必ず進学するとは限らないからである[1]。この難

関大学進学者数の当該年の卒業生数に対する割合を求めることで、各校の難関大学進学率が算出される。大雑把な算出ではあるが、各校がどれほど難関大学に生徒を輩出しているかを示す一つの指標にはなるだろう。

　この難関大学進学率を中学入試偏差値との関係で示したものが図5－2である。中学入試偏差値は、首都圏模試2003年偏差値（男女中間値・第1回午前入試）80％合格ラインを用いた。難関大学進学率のデータと6年間のタイムラグをとるのは、入学した世代と卒業した世代をそろえるためである。

　図5－2で注目すべきは、難関大学進学率が0.5を上回る学校は、データがある私立中高一貫校170校のうち12校にすぎず、同進学率が0.05を下回る学校は112校と、私立中高一貫校の大半を占めていることである。私立中高一貫校では多くの生徒が難関大学に進学するかのように議論されることがあるが、そのような学校は圧倒的に少数である。

　以上、私立中高一貫校のアウトプットの状況を見たが、インプットの状況はどうであろうか。前述のように、私立中高一貫校への進学は首都圏ではマス段階に達しようとしているが、高校・大学教育の大衆化が進んだときに議論されたことは、量の拡大が質の低下をもたらすのではないかということである。具体的には、進学率の上昇によって、これまで入学してこなかった学力層の生徒が入学してくるようになり、入試ランクで下位に属する学校で、教育困難や生

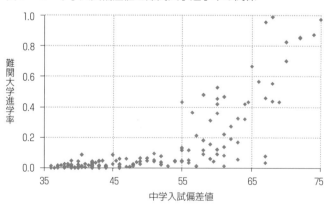

図5－2　中学入試偏差値と難関大学進学率の関係

徒・学生の不適応が生じるという議論である。この傾向に拍車をかけるのが少子化であり、少子化によって定員割れが増加し、ますます質の維持が困難になっているとされる。天野（2003）などが詳しく論じている。

　この議論を私立中高一貫校にも適用してみよう。表5－1が、2003年における東京都の私立中高一貫校の定員割れ率を算出したものである。用いた資料は『平成16年度用中学受験案内』であり、定員割れは「生徒数が募集定員の9割を下回る状態」と定義した。

　表5－1で注目すべきは、上位校と中位校は定員割れと無縁である一方、下位校は69.5％もの学校が定員割れの状態にあることである。つまり、下位校は実質的に入学者選抜が機能していない、あるいは最低限しか機能していない状況にある。

　本節の最後に、インプットとアウトプットの間の教育課程として、私立中高一貫校では公立中学校に比べて学業中心の教育がなされているかどうかを確認する。前表と同じ資料を用いて、1週間あたりの主要5教科（英数国理社）の授業時間数を算出したものが表5－2である。授業時間数は学年によって異なるため、中学3年間の平均値を示した。公立中学校の値は、学習指導要領に基づく標準値である。

表5－1　私立中高一貫校の定員割れ状況

	母学校数	定員割れ	定員割れ率
上位校	30	0	0.0%
中位校	46	1	2.2%
下位校	95	66	69.5%
合計	171	67	39.2%

表5－2　学校タイプごとの1週間あたりの主要5教科の授業時間数

	時限	総授業時間	公立よりも授業時間が短い学校
上位校	23.4 コマ	19.1 時間	0校／30校
中位校	22.9 コマ	19.2 時間	0校／46校
下位校	22.5 コマ	18.3 時間	2校／95校
公立	14.9 コマ	12.4 時間	－

表5－2から、私立中高一貫校は公立中学校に比べて、主要5教科の授業が約1.5倍行われていること、そして授業時間に入試ランクによる差異はほとんどないことがわかる。私立下位校では入学者選抜がほとんど機能していないが、入学後には上位校や中位校と変わらない密度で授業が組まれていることになる。

本節で得られた知見は次の四点であった。第一に、私立中高一貫校への進学は増加傾向にあり、首都圏ではマス段階に達しようとしている。第二に、生徒の多くを難関大学に輩出している私立中高一貫校はごく一部である。第三に、入試ランクで下位に属する私立中高一貫校では、定員割れが常態化しており、入学者選抜が実質的に機能していない。第四に、私立中高一貫校では公立中学校よりも学業中心の教育が行われており、主要5教科の授業時間に入試ランクによる差異はほとんど見られない。

4 ── 私立中高一貫校の生徒像

前節では、私立中高一貫校を取り巻く状況を明らかにした。本節では、私立中高一貫校に通う生徒の生活や意識を、ミクロデータの分析によって明らかにする。まず、学校タイプごとの生徒の階層構成を示したものが表5－3である[2]。

表5－3を見ると、私立下位校は階層構成において、上位校や中位校よりも公立中学校に近いことがわかる。藤田（2006）は中学受験を「リッチフライト」（質の高い教育を求める富裕層の動き）の代表例と位置づけているが、それは

表5－3　学校タイプと文化階層の関係

		文化階層			合計	有効度数
		上位	中位	下位		
学校タイプ	上位校	55.4%	31.9%	12.7%	100.0%	976
	中位校	52.4%	33.3%	14.4%	100.0%	1356
	下位校	34.1%	40.5%	25.4%	100.0%	1195
	公立	24.6%	35.7%	39.6%	100.0%	1178
独立性のカイ二乗検定		p＝0.000				

上位校や中位校にこそ当てはまる。下位校に関しては「普通の階層の家庭が多少の無理をして進学する」というほうが現実に近い。それほど中学受験の大衆化は進行していると考えられる。

　次に、生徒の授業や学校生活への適応度を見るために、学校タイプと授業満足、学校満足の関係を分析したものが表5－4、表5－5である。

　表5－4、表5－5から、私立下位校の生徒は上位校や中位校の生徒と比べてはもちろん、公立中学校の生徒と比べても、授業や学校生活に不満足な傾向が見られる。この理由として最初に考えられるのは、そもそもの不本意入学である。今回のデータでは、現在通っている学校について「ぜひこの学校に入学したかった」と回答した生徒は、私立上位校で65.0%、中位校で45.5%、下位校で31.7%である。また、表5－2で示したように、私立中高一貫校では公立中学校に比べて学業中心の教育が行われており、久保（2006）が詳細に分析したように、大学進学のために難度の高いカリキュラムが組まれていることも少なくない。一方で、下位校においては入学者選抜が機能しているとは言いがたく、学習面で困難を抱えている生徒の入学は避けられない。このギャップによっ

表5－4　学校タイプと授業満足の関係

		授業に満足		合計	有効度数
		あてはまる	あてはまらない		
学校タイプ	上位校	69.4%	30.6%	100.0%	987
	中位校	67.8%	32.2%	100.0%	1368
	下位校	58.9%	41.1%	100.0%	1204
	公立	65.8%	34.2%	100.0%	1210
独立性のカイ二乗検定		p=0.000			

表5－5　学校タイプと学校満足の関係

		学校生活に満足		合計	有効度数
		あてはまる	あてはまらない		
学校タイプ	上位校	84.4%	15.6%	100.0%	986
	中位校	77.7%	22.3%	100.0%	1368
	下位校	68.6%	31.4%	100.0%	1205
	公立	72.4%	27.6%	100.0%	1205
独立性のカイ二乗検定		p=0.000			

て、私立下位校の生徒の授業満足度、ひいては学校満足度が低くなっていると考えることも可能である[3]。

　それでは、意識ではなく学習時間はどうであろうか。平日の学習時間について、「ほとんどない」を0分、「30分未満」を15分、「30分以上1時間未満」を45分、「1時間以上2時間未満」を90分、「2時間以上3時間未満」を150分、「3時間以上」を210分に割り当て、その平均値を学校タイプごとに算出した結果が表5−6である。

　表5−6から、私立下位校の生徒は上位校や中位校には及ばないが、平均的な公立中学生よりは多く勉強していることがわかる。一般的に授業満足と学習時間の間には正の相関があるにもかかわらず、授業満足度が相対的に低い私立下位校の生徒で学習時間がそれほど短くないのはなぜだろうか。この理由は三つ考えられる。第一に、中学受験で学習習慣が身についたため、第二に、学校で多くの宿題が出されるため、そして第三に、学業に対する価値づけが内面化されているためである。

　今回のデータから第一と第二の仮説は検証できないため、ここでは第三の仮説が支持されるかどうかを検証する。生徒たちの学歴実力主義（学歴は実力を表すという考え方）への賛否を示したものが表5−7である。

　表5−7から、私立下位校の生徒は、学歴実力主義を強く内面化しており、反対に上位校の生徒はそれほど内面化していないことがわかる。上位校の生徒も下位校の生徒も、学業達成が重視される環境（家庭や学習塾）で育ってきたという点では共通であろう。一つの推測であるが、上位校の生徒は学業達成が手に届くところにあるため、学歴にあまり魅力を感じず、下位校の生徒は学業達成が手に届きにくいところにあるからこそ、学歴により一層魅力を感じるのではなかろうか。いずれにせよ、学歴が実力を表すという意識が最も浸透している世界は、私立上位校ではなく下位校なのである。次に、学校タイプごとの学歴実力主義と学習時間の関係を示したものが表5−8である。

　表5−8から、学歴実力主義は私立下位校の生徒の学習を強く支えていることがわかる。学歴実力主義を内面化している下位校の生徒は、上位校や中位校の生徒と同程度に学習をしており、反対に内面化していない下位校の生徒は、

表5－6　学校タイプごとの平日学習時間（分）

		平均値	テューキーの多重比較			有効度数
学校タイプ	上位校	49.8	中位校	下位校 ***	公立 ***	987
	中位校	51.2		下位校 ***	公立 ***	1365
	下位校	41.7			公立 ***	1196
	公立	32.3				1203
分散分析のF検定			p=0.000			

*** p＜0.001　** p＜0.01　* p＜0.05

表5－7　学校タイプと学歴実力主義の関係

		学歴は実力を表す		合計	有効度数
		あてはまる	あてはまらない		
学校タイプ	上位校	40.3%	59.7%	100.0%	986
	中位校	55.4%	44.6%	100.0%	1370
	下位校	62.3%	37.7%	100.0%	1203
	公立	58.2%	41.8%	100.0%	1148
独立性のカイ二乗検定			p=0.000		

表5－8　学校タイプごとの学歴実力主義と平日学習時間（分）の関係

	学歴は実力を表す	平均値	差分	差のt検定	有効度数
上位校	あてはまる	53.0	5.30		397
	あてはまらない	47.7			588
中位校	あてはまる	52.9	3.73		756
	あてはまらない	49.2			608
下位校	あてはまる	46.3	12.41	***	746
	あてはまらない	33.9			446
公立	あてはまる	34.3	5.04	*	662
	あてはまらない	29.3			474

*** p＜0.001　** p＜0.01　* p＜0.05

公立中学校の生徒と同程度の学習時間となっている。以上の分析から、授業に不満でありつつも、学業に対する価値づけに支えられて、一定程度学習に取り組む私立下位校の生徒たちという像が浮かび上がってきた。

　本節で得られた知見は次の四点であった。第一に、私立中高一貫の上位校と中位校に通う生徒の階層は高いが、下位校においてはそうではない。第二に、下位校の生徒は他の学校タイプの生徒と比べて、授業や学校生活に不満足な傾

向が見られる。第三に、下位校の生徒でも、平均的な中学生よりは多く勉強している。第四に、下位校の生徒は学歴実力主義を強く内面化しており、そのことが学習時間を押し上げていると考えられる。

5 —— まとめと結論

本章では、私立中高一貫校を取り巻く状況をマクロデータによって概観した後に、そこに通う生徒の生活や意識をミクロデータによって探究してきた。これまでに得られた知見をふまえて、学問的および実践的な含意を述べる。

学問的な含意としては、中学校段階における学校階層構造の究明が重要な研究課題であることが挙げられる。これまで高校における教育困難校の実態把握や問題解決を志向する研究、入試ランクによる学校階層構造を明らかにする研究は多く蓄積されてきたが、中学校段階における同様の研究は極めて少ない。本章の知見を一つの基礎資料として、たとえば、中学校のタイプや入試ランクに応じて、生徒の学習意欲が加熱・冷却されていく過程を明らかにする研究などが今後求められる。

実践的な含意は、主にメディアと私立中高一貫校に対して提示できる。メディア（言論界）に対しては、私立中高一貫校について言及するとき、入試ランクによる差異を軽視しないことを提言できるだろう。確かに私立中高一貫校の中には難関大学へ多くの生徒が進学するエリート的な学校が存在するが、その数は圧倒的に少ない。また、私立上位校で高い学校適応が見いだされたのに対して、下位校においては学校生活への不満足が生じていることも事実である。これらを無視した論調は、種々の負担がかかる中学受験を過熱させるだけでなく、公立学校不信をもたらしかねない。

私立中高一貫校に対しては、特に下位校において、生徒の実情に適合した教育を行うことを提言できるだろう。ほとんど入学者選抜を受けないで入学してきた生徒に、最初から高密度で難度が高い学習をさせることには困難が伴う。具体的な方策を今回の分析から導くことはできないが、授業に不満足な生徒が

多いという現状をふまえ、教師の増員や平易な教材の併用などが有効かもしれない。学習時間が示すように、生徒たちは決して学習から離脱しているわけではないことを、ここで強調しておきたい。

　本章の限界は、ミクロデータの分析において、高校入学後の生活や意識の様相が捉えられていないこと、そして学習以外の要素が十分に分析されていないことである。引き続き残された課題に応えていきたい。

《 注 》

(1)　3分の1という判断が適切であるという証明はできないが、試みに2分の1で算出したところ、難関大学進学者数が卒業生数を超える学校が現れたため、2分の1は不適切と考えられる。なお、早稲田大学・慶應義塾大学の附属校・系列校から同大学への合格者はほぼ100％進学するため、合格者数に3分の1をかける処理は行わなかった。

(2)　親学歴や親職業はデータが得られていないため、文化階層の指標を作成した。具体的には、家庭の蔵書数、美術品・骨董品の有無、ピアノの有無をカテゴリカル主成分分析で統合し、その主成分得点に基づいて階層上位・中位・下位を設定した。

(3)　下位校の生徒で学校満足度が低いのは、もともとそのような傾向を持つ子供が集まっているためという解釈もできるが、小学5年生のときに「学校は楽しかった」と回答した生徒は、上位校で74.5％、中位校で78.5％、下位校で76.1％とほとんど差がなかった。したがって、下位校の生徒の不満足は中学入学後に形成されたものと考えられる。

《 参考文献 》

M.トロウ, 1976,『高学歴社会の大学』東京大学出版会（天野郁夫・喜多村和之訳）。

天野郁夫, 2003,『日本の高等教育システム−変革と創造』東京大学出版会。

出羽隆, 2009,『これでも私立中学受験をしますか？』文芸社。

尾嶋史章編, 2001,『現代高校生の計量社会学−進路・生活・世代』ミネルヴァ書房。

久保良宏, 2006,「中高一貫教育校における数学科のカリキュラムに関する研究」『日本数学教育学会誌』第88集, pp.2-10.

東京大学大学院教育学研究科比較教育社会学コース編, 2005,『「首都圏の私立中学生の生活・意識・行動に関する調査」研究報告書』（報告書）。

秦政春, 1993,「公立中学の危機」『教育社会学研究』第52集, pp.92-114.

樋田大二郎, 1998,「中学受験−市場原理の選抜過程による社会の要請と個人の希望の調整」『子ども社会研究』第4号, pp.67-80.

樋田大二郎・耳塚寛明・岩木秀夫・苅谷剛彦編, 2000,『高校生文化と進路形成の変容』学事出版。

藤田英典，2006，『教育改革のゆくえ－格差社会か共生社会か』岩波ブックレット。

油布佐和子・六島優子，2006，「中高一貫教育の現状と課題」『福岡教育大学紀要 第4分冊 教職科編』第55集，pp.101-118.

和田秀樹，2008，『子どもは公立に預けるな！』ソフトバンク新書。

第6章 中学受験入学者の学校適応と価値観
―中入生と高入生は何が違う？―

1 ―― 問題設定

　本章の目的は、私立中高一貫校における、中入生（中学校からその学校に入学している生徒）と高入生（高校からその学校に入学した生徒）の意識・行動を比較し、中学受験のメリット・デメリットとされていることを実証的に検討することである。

　これまでの中学受験に関する研究は大きく三つのタイプに分けられる。一つ目は、中高一貫校の制度やカリキュラムを明らかにする研究である。たとえば、樋田（1998）、安藤（2005）、油布・六島（2006）などが挙げられる。二つ目は、どのような保護者・子供が中学受験を選択するかに焦点を当てた研究である。たとえば、松浦・滋野（1996）、片岡（2009）などが挙げられる。そして三つ目は、中高一貫校に通う生徒の意識・行動の特徴を明らかにし、中高一貫教育の効果や社会的意味を考察する学校社会学的な研究である。ただし、このタイプの研究は前二者に比べて蓄積が乏しく、森上（2009）が部分的に扱っている程度である。中学受験による入学が子供たちにどのような意識・行動をもたらしているのかは、実証的にはほとんど明らかにされていない。本章は、この三つ目の研究に位置づくものであり、同じ高校における中入生と高入生を比較することで、中学受験による入学の効果に接近することを試みる。

　中学受験、ひいては中高一貫教育のメリット・デメリットに関して、実証的な学術研究は少ないものの、一般言説レベルでは数多くのものが存在する。ここでは、代表的なものとして、旺文社『2013年度入試用中学受験案内』を参照する。この種の受験案内には、各学校の紹介に進む前に、中学受験に関する

一般的な情報が掲載されていることが多い。同書では「中学受験する理由」として、次の五つが挙げられている。

　第一が「大学進学に有利」である。6年間の計画的かつ継続的なカリキュラムが、難関大学進学を有利にしている旨が述べられている。第二が「一貫した教育方針の下での指導が受けられる」である。主要5教科にとどまらず、建学の精神（自主自律の精神、国際社会で活躍など）に基づいた教育を継続的に受けられることが述べられている。第三が「人間教育を重視した指導が受けられる」である。学年間の交流を含む行事や部活動などを通して、豊かな人間性が育成されると述べられている。第四が「時代にマッチした授業が受けられる」である。語学教育や情報機器教育などを特色としている中高一貫校が多い旨が述べられている。第五が「最新の施設・設備で学べる」である。冷暖房や視聴覚教室が充実していることが述べられている。

　一方で、中学受験のデメリットについても、同書において言及されている。それは、まず、学費がかかるという点、そして選んだ学校の教育方針が子供に合わない可能性がある点である。別の言説を参照すれば、瀬川（2009）は、私立中高一貫校にも一般的な公立中学校・高校と同様にいじめや教師の不祥事があり、さらに、学校側がそれらを隠蔽する傾向があることを指摘している。また、中高一貫校に入学すると、長期間にわたって均質な集団の中で学校生活を送ることになるため、世間知らずの子供に育ってしまうのではないかという懸念も示されている。

　このように、中学受験や中高一貫教育のメリット・デメリットは数多く議論されているが、ほとんどが印象論や体験論で語られているものである。本章でこれらの言説のすべてを検証することはできないが、いくつか主要なものについて、実証的に検討を加える。

2 ── リサーチクエスチョン

　本章の目的、および先行言説における指摘をふまえ、以後で検証するリサー

チクエスチョン（RQ）は次の三つである。順に説明する。

RQ1　中入生のほうが学業適応が高いか？

　前述のように、中学受験案内などでは、中学校から中高一貫校に入学していると、中高のカリキュラムの連続性や、中学校における発展学習や高校内容の先取り学習によって、高校生になったときの学業適応が高くなることが示唆されている。井上（2001）のように、その点を強調する論者も多い。しかし、服部（1995）のように、高校受験がないことによって、生徒に中だるみが生じているという指摘もある。はたして「中入生のほうが学業適応が高い」のだろうか。学業適応の指標は、校内成績と一週間学習時間の二つを用いる。

RQ2　中入生のほうが学校生活が充実しているか？

　やはり中学受験案内などでは、中学校から中高一貫校に入学していると、部活動などを継続的に続けられるため、また価値観が近い同級生と時間をかけて交友を深められるため、高校生活が充実しやすくなるとされている。しかし、裏を返せば、このような環境は、内藤（2001）が言うような、閉鎖的・硬直的で逃げ場のない対人関係が長期間継続することでもある。はたして「中入生のほうが学校生活が充実している」のだろうか。学校生活が充実しているかどうかの指標は、「学校生活に満足」「部活動に満足」「文化祭に積極的」という三つの意識・行動を用いる。

RQ3　中入生のほうが社会的不平等を感じていないか？

　中学生という発達段階は、自分の周辺だけの世界観から離脱し、社会がいかなるものかを認識し始める時期でもある。また、工藤（2010）が指摘するように、この時期は学校の同級生が重要な他者になり、行動様式や価値観という点でも影響を受けることが増加していく。したがって、中高一貫校という、生徒どうしの均質性が高く、さらに経済的・文化的に恵まれている集団の中にいることで、社会の不平等などに無自覚になるということがあるかもしれない。はたして「中入生のほうが社会的不平等を感じていない」のだろうか。社会的不

平等を感じているかどうかの指標は、「貧富の差が大きい」「努力次第で裕福になれる」「低給料は自己責任」という三つの社会意識を用いる。

3 ── 使用データと変数

　本章で分析に使用するデータは、東京大学教育学部が 2006 年に実施した「首都圏の私立高校生の生活・意識・行動に関するアンケート」である。この調査は東京都の私立中高一貫校に通う高校 2 年生を母集団として実施されたものであり、学校タイプ（入試ランク、共学別学、大学附属かどうか）にできるだけ偏りが生じないように、18 校が対象として選定された。生徒たちの日常意識や対人関係、生活の様子などが主な調査項目であり、学校を通した集団自記式によって回答を得た。最終的な有効回答数は 3426 名である。

　分析の際には、入試ランク（上位校・中位校・下位校）×共学別学（共学校・男子校・女子校）の類型ごとの生徒数比率が母集団における同比率に一致するように、ウェイト調整を行っている。母集団における生徒数は、学習研究社『2007年入試用私立中学受験案内』から算出した。また、入試ランクは首都圏模試2006 年偏差値（男女中間値・第 1 回午前入試）80% 合格ラインを用い、在籍生徒数ができるだけ均等になるように、偏差値 60 以上を上位校、47 以上 60未満を中位校、47 未満を下位校とした。

　ただし、本章は中入生と高入生の比較を目的とするため、高校入試による生徒募集を行っていない学校（いわゆる完全中高一貫校）は分析から除外した。また、スポーツ入試のみで高校募集を行っている学校も同様に除外した。したがって、実際の分析対象は 11 校、2406 名となる。なお、上位校ほど完全中高一貫校が多いため、このように分析対象を限定すると、サンプルにおいて上位校の生徒が少数となってしまう。そのため、すべての分析において、上位校と中位校を統合して「上・中位校」として扱う。

　分析に使用する変数の設定を表 6 - 1、その記述統計量を表 6 - 2 に示す。女子ダミー・きょうだい数・文化資本スコア・附属校ダミー・第一志望ダミー

は、中入生であることが学業適応や社会意識に与える影響を明らかにする上で、家庭背景や学校タイプ・入学時の状況の影響を取り除くために分析に加える[1]。

表6-1　変数の設定

	設定方法
校内成績	校内成績を5段階（下のほう～上のほう）で尋ねる質問項目に対して、学校ごとに平均値3、標準偏差1になるように変換した。学校ごとに校内成績の平均値に差があったため、それを補正するためにこのような変換を行った。
一週間学習時間	平日・休日それぞれの学習時間（学習塾・予備校を除く）を尋ねる質問項目に対して、選択肢の範囲の中間値を取った上で、平日学習時間×5＋休日学習時間×2を算出した。
「学校生活に満足」	「学校生活に満足している」という質問項目に対して、「とてもあてはまる」「まああてはまる」＝1、「あまりあてはまらない」「まったくあてはまらない」＝0とした。
「部活動に満足」	「部活動に満足している」という質問項目に対して、「とてもあてはまる」「まああてはまる」＝1、「あまりあてはまらない」「まったくあてはまらない」「入っていない」＝0とした。
「文化祭に積極的」	「文化祭や学芸発表会」という質問項目に対して、「とても積極的」「まあ積極的」＝1、「あまり積極的でない」「まったく積極的でない」＝0とした。
「貧富の差が大きい」	「現代の日本は、お金持ちと貧しい人の差が大きい」という質問項目に対して、「とてもそう思う」「まあそう思う」＝1、「あまりそう思わない」「まったくそう思わない」＝0とした。
「努力次第で裕福になれる」	「日本は、本人のがんばりしだいでお金持ちになれる社会だ」という質問項目に対して、「とてもそう思う」「まあそう思う」＝1、「あまりそう思わない」「まったくそう思わない」＝0とした。
「低給料は自己責任」	「低い給料しかもらえないのは、その人の努力が足りなかったからだ」という質問項目に対して、「とてもそう思う」「まあそう思う」＝1、「あまりそう思わない」「まったくそう思わない」＝0とした。
女子ダミー	女子＝1、男子＝0とした。
きょうだい数	兄・姉・弟・妹の合計人数を算出した。
文化資本スコア	家庭の蔵書数、ピアノの有無、美術品・骨董品の有無をカテゴリカル主成分分析で統合し、主成分得点を算出した。
附属校ダミー	現在通っている学校が大学の附属・系列校＝1、それ以外＝0とした。
第一志望ダミー	現在通っている学校について、「ぜひこの学校に入学したかった」＝1、「もっと入学したい学校が他にあった」「この学校に入学するつもりではなかった」「特にどこの学校に入学したいということはなかった」＝0とした。
中入生ダミー	中学校からその学校にいる＝1、高校から入学した＝0とした。

表6-2 変数の記述統計量

	有効度数	最小値	最大値	平均値	標準偏差
校内成績	2377	1.300	5.200	3.000	0.998
一週間学習時間	2375	0.000	39.000	7.040	7.558
「学校生活に満足」	2393	0.000	1.000	0.680	0.467
「部活動に満足」	2390	0.000	1.000	0.470	0.499
「文化祭に積極的」	2295	0.000	1.000	0.620	0.485
「貧富の差が大きい」	2372	0.000	1.000	0.760	0.427
「努力次第で裕福になれる」	2366	0.000	1.000	0.570	0.495
「低給料は自己責任」	2375	0.000	1.000	0.500	0.500
女子ダミー	2405	0.000	1.000	0.520	0.500
きょうだい数	2374	0.000	8.000	1.160	0.790
文化資本スコア	2340	−1.420	2.346	0.000	1.000
附属校ダミー	2406	0.000	1.000	0.680	0.468
第一志望ダミー	2386	0.000	1.000	0.370	0.484
中入生ダミー	2250	0.000	1.000	0.460	0.499

4 —— 中入生と高入生の比較

　リサーチクエスチョンの検証に先立って、入試ランクと中入高入の関係をク
ロス集計で確認しておく。結果が表6-3である。

　表6-3より、上・中位校は中入生が多数派であり、下位校は高入生が多数
派であることがわかる。つまり、上・中位校では中入生を前提に学校が運営さ
れる程度が大きく、下位校では高入生を前提に学校が運営される程度が大きい
と考えられる。

　このことから、上・中位校と下位校では、中入生であることの効果が別様に
現れることが予想される。そこで以下のすべての分析では、上・中位校と下位

表6-3 入試ランクと中入高入の関係

		中入高入		合計	有効度数
		中入生	高入生		
入試ランク	上・中位校	61.8%	38.2%	100.0%	1043
	下位校	32.8%	67.2%	100.0%	1207
合計		46.3%	53.7%	100.0%	2250
独立性のカイ二乗検定		p=0.000			

校を区別して分析を行い、三つのリサーチクエスチョンを順に検証していく。

4－1　中入生のほうが学業適応が高いか

　表6－4が校内成績を従属変数とした重回帰分析、表6－5が一週間学習時間を従属変数とした重回帰分析の結果である。中入生ダミーの回帰係数に注目する。

　表6－4より、上・中位校において、わずかではあるが、中入生のほうが校内成績が低いことがわかる。高入生は高校入試によって比較的近い時期に選抜されたため、「落ちこぼれ」がまだ発生していないのに対して、中入生は中学時にハイペースな学習についていけなくなっている生徒が一定数存在するため、平均として校内成績がわずかに低くなっていると考えられる。しかし、表6－5が示す学習時間に着目すれば、中入生と高入生でほとんど差がない。つまり、入試選抜を受けて同じ高校に入っている生徒どうしであれば、中入生だから学習習慣が身についている／いないということはないようである。

　なお、本章の研究関心からは外れるが、表6－5において、附属校ダミーの回帰係数は大きな負の値を示している。大学附属校・系列校に通っている生徒

表6－4　校内成績の規定要因（重回帰分析）　入試ランクごと

	上・中位校			下位校		
	回帰係数	標準化回帰係数	有意確率	回帰係数	標準化回帰係数	有意確率
女子ダミー	0.077	0.039		0.131	0.066	＊
きょうだい数	－ 0.027	－ 0.021		－ 0.067	－ 0.056	
文化資本スコア	0.011	0.011		0.071	0.068	＊
附属校ダミー	－ 0.043	－ 0.020		－ 0.070	－ 0.034	
第一志望ダミー	0.092	0.047		0.012	0.006	
中入生ダミー	－ 0.170	－ 0.085	＊	－ 0.026	－ 0.013	
（定数）	3.084		＊＊＊	3.086		＊＊＊
決定係数	0.011			0.012		
回帰のＦ検定	p＝0.091			p＝0.030		
有効度数	969			1156		

＊＊＊ p＜0.001　＊＊ p＜0.01　＊ p＜0.05

表6−5　一週間学習時間の規定要因（重回帰分析）　入試ランクごと

	上・中位校			下位校		
	回帰係数	標準化回帰係数	有意確率	回帰係数	標準化回帰係数	有意確率
女子ダミー	1.171	0.077	*	0.579	0.040	
きょうだい数	− 0.501	− 0.049		− 0.694	− 0.080	**
文化資本スコア	0.844	0.113	***	1.026	0.137	***
附属校ダミー	− 4.752	− 0.281	***	− 3.456	− 0.235	***
第一志望ダミー	− 0.493	− 0.032		0.474	0.031	
中入生ダミー	0.517	0.033		− 0.195	− 0.013	
（定数）	10.759		***	9.005		***
決定係数	0.123			0.068		
回帰のF検定	p=0.000			p=0.000		
有効度数	968			1148		

*** $p < 0.001$　** $p < 0.01$　* $p < 0.05$

は、学習時間が短いことがうかがえる。これは、大学附属校・系列校の生徒は、一般的な大学受験をしないでも系列の大学に入学できる（一部の学校では進学のための内部試験があるが、基本的にそれほど厳しいものではない）からであろう。

4−2　中入生のほうが学校生活が充実しているか

　表6−6が「学校生活に満足」を従属変数にしたロジスティック回帰分析、表6−7が「部活動に満足」を従属変数にしたロジスティック回帰分析、表6−8が「文化祭に積極的」を従属変数にしたロジスティック回帰分析の結果である。

　表6−6〜表6−8より、上・中位校において、中入生のほうが学校満足・部活動満足が高く、中心的な学校行事である文化祭に積極的に参加していることがわかる。中入生は高入生よりも3年間長くその学校にいることで、友人関係や対教師関係、あるいは学校独自の文化に適応しやすいと推測できる。下位校においては、高入生の比率が高いこともあってか、中入生と高入生で、学校生活の充実度に明確な差は見られない[(2)]。

なお、ここでは、部活動非加入者は「部活動に満足」に「あてはまらない」側と見なして分析を行っている。部活動に加入していないということは、その学校の部活動に何らかの不満があるか、少なくとも満足を期待していないことを意味すると考えられるからである。もっとも、部活動加入率は中入生で65.8%、高入生で63.2%とほとんど差がないことから、中入生と高入生の部活動満足の違いは、基本的には、部活動に入っている生徒の中での満足度の違いである。

表 6 − 6 「学校生活に満足」の規定要因（ロジスティック回帰分析）　入試ランクごと

	上・中位校			下位校		
	回帰係数	オッズ比	有意確率	回帰係数	オッズ比	有意確率
女子ダミー	− 0.127	0.881		0.678	1.970	***
きょうだい数	− 0.142	0.868		− 0.022	0.978	
文化資本スコア	0.128	1.136		− 0.009	0.991	
附属校ダミー	− 0.167	0.846		− 0.115	0.891	
第一志望ダミー	0.680	1.974	***	0.654	1.923	***
中入生ダミー	0.371	1.450	*	− 0.158	0.854	
（定数）	0.696		**	0.263		
Nagelkerke 擬似決定係数	0.047			0.063		
尤度比のカイ二乗検定	p＝0.000			p＝0.000		
有効度数	978			1156		

*** p＜0.001　** p＜0.01　* p＜0.05

表 6 − 7 「部活動に満足」の規定要因（ロジスティック回帰分析）　入試ランクごと

	上・中位校			下位校		
	回帰係数	オッズ比	有意確率	回帰係数	オッズ比	有意確率
女子ダミー	0.226	1.254		0.258	1.294	*
きょうだい数	0.162	1.175		− 0.003	0.997	
文化資本スコア	0.199	1.220	**	− 0.105	0.900	
附属校ダミー	− 0.331	0.718	*	0.414	1.513	**
第一志望ダミー	0.628	1.874	***	0.904	2.470	***
中入生ダミー	0.338	1.402	*	0.057	1.059	
（定数）	− 0.632		**	− 0.923		***
Nagelkerke 擬似決定係数	0.075			0.090		
尤度比のカイ二乗検定	p＝0.000			p＝0.000		
有効度数	978			1153		

*** p＜0.001　** p＜0.01　* p＜0.05

表6-8 「文化祭に積極的」の規定要因（ロジスティック回帰分析）　入試ランクごと

	上・中位校			下位校		
	回帰係数	オッズ比	有意確率	回帰係数	オッズ比	有意確率
女子ダミー	0.922	2.514	***	0.785	2.193	***
きょうだい数	− 0.113	0.893		− 0.141	0.868	
文化資本スコア	0.330	1.391	***	0.069	1.072	
附属校ダミー	− 0.415	0.660	*	− 0.659	0.517	***
第一志望ダミー	0.520	1.681	***	0.239	1.270	
中入生ダミー	0.333	1.396	*	0.225	1.252	
（定数）	− 0.110			0.635		***
Nagelkerke 擬似決定係数	0.168			0.062		
尤度比のカイ二乗検定	p=0.000			p=0.000		
有効度数	949			1097		

*** p＜0.001　** p＜0.01　* p＜0.05

4-3　中入生のほうが社会的不平等を感じていないか

　表6-9が「貧富の差が大きい」を従属変数にしたロジスティック回帰分析、表6-10が「努力次第で裕福になれる」を従属変数にしたロジスティック回帰分析、表6-11が「低給料は自己責任」を従属変数にしたロジスティック回帰分析の結果である。

　表6-10より、上・中位校に限って、中入生のほうが、「努力次第で裕福に

表6-9 「貧富の差が大きい」の規定要因（ロジスティック回帰分析）　入試ランクごと

	上・中位校			下位校		
	回帰係数	オッズ比	有意確率	回帰係数	オッズ比	有意確率
女子ダミー	− 0.065	0.937		− 0.251	0.778	
きょうだい数	0.160	1.174		− 0.084	0.919	
文化資本スコア	0.103	1.108		− 0.104	0.901	
附属校ダミー	− 0.004	0.996		0.112	1.118	
第一志望ダミー	− 0.047	0.954		− 0.237	0.789	
中入生ダミー	− 0.043	0.958		− 0.096	0.908	
（定数）	0.907		***	1.670		***
Nagelkerke 擬似決定係数	0.008			0.012		
尤度比のカイ二乗検定	p=0.534			p=0.193		
有効度数	976			1154		

*** p＜0.001　** p＜0.01　* p＜0.05

なれる」と思っている傾向がある。ただし、表6-9、表6-11より、「貧富の差が大きい」と「低給料は自己責任」という意識については、中入生と高入生でほとんど差がない。つまり、中入生のほうが社会的不平等を感じていないという傾向は、ごく部分的に見られる程度であり、それほど顕著なものではない[3]。

なお、補足的な知見として、表6-10の上・中位校において、附属校ダミーが正に統計的に有意となっている。つまり、エスカレーター式で進学すれば知名度のある大学に入学できる生徒たち、言わば「高学歴を保証された生徒たち」

表6-10 「努力次第で裕福になれる」の規定要因（ロジスティック回帰分析） 入試ランクごと

	上・中位校			下位校		
	回帰係数	オッズ比	有意確率	回帰係数	オッズ比	有意確率
女子ダミー	− 0.553	0.575	***	− 0.238	0.788	
きょうだい数	0.137	1.147		− 0.125	0.883	
文化資本スコア	0.150	1.161	*	0.032	1.033	
附属校ダミー	0.389	1.475	*	0.094	1.099	
第一志望ダミー	0.162	1.176		0.017	1.017	
中入生ダミー	0.288	1.333	*	0.186	1.204	
（定数）	0.011			0.330		*
Nagelkerke 擬似決定係数	0.041			0.010		
尤度比のカイ二乗検定	p=0.000			p=0.186		
有効度数	974			1150		

*** p<0.001　** p<0.01　* p<0.05

表6-11 「低給料は自己責任」の規定要因（ロジスティック回帰分析） 入試ランクごと

	上・中位校			下位校		
	回帰係数	オッズ比	有意確率	回帰係数	オッズ比	有意確率
女子ダミー	− 0.960	0.383	***	− 0.692	0.501	***
きょうだい数	− 0.015	0.985		0.025	1.026	
文化資本スコア	0.090	1.095		0.065	1.067	
附属校ダミー	− 0.040	0.961		− 0.089	0.915	
第一志望ダミー	− 0.074	0.929		0.196	1.217	
中入生ダミー	0.016	1.016		− 0.001	0.999	
（定数）	0.718		***	0.209		
Nagelkerke 擬似決定係数	0.068			0.041		
尤度比のカイ二乗検定	p=0.000			p=0.000		
有効度数	977			1152		

*** p<0.001　** p<0.01　* p<0.05

は、中入・高入にかかわらず、努力次第で裕福になれるという社会観を抱いている傾向がある。

5 —— まとめと結論

　本章で主に得られた知見は次の三点である。第一に、上・中位校において、中入生は成績面でやや不振となっている。これは、中学受験で入学しておくと、高校に入った後の学習が有利になるという通説に反している。第二に、中学受験で入学すると継続的な教育で学校生活に適応しやすいという通説は、上・中位校において支持される。中入生は、部活動や友人関係・対教師関係において、学校生活に一日の長があるのだろう。第三に、中入生は社会的不平等を感じていないという傾向は、ごくわずかに見られたのみであった。さらに、その認知が将来にわたって継続するかどうか確かでないこともふまえれば、中学受験によって社会観が偏るといったことはあまり考えられない。

　以上のように、中学受験に関する一般言説は、的を射たものもあれば、誤解に基づいていると思われるものもある。中学受験は富裕層による早期教育という文脈で語られることが多いが、少なくとも高校段階において子供たちが得ているものは、エリート的な学力や社会観というよりも、むしろ「ささやかな学校満足」なのかもしれない。そして、それも上位校と中位校に限定してのものである。下位校では高入生が多数を占めるため、学校運営が高入生を前提になされ、中入生の有利が生じづらいと考えられる。

　もっとも、本章で分析したのは学校生活のごく一側面にすぎない。また、本章はあくまで、同じ高校に入学している中入生と高入生を比較したものである。たとえば、ある高校に対して、中学受験で入学するほうが高校受験で入学するよりも容易であるとしたら、それは中学受験のメリットと見なし得る。今回の分析のみで、中学受験のメリット・デメリットを語り尽くせないことには注意が必要である。本章で得られた知見をふまえつつ、今後、より広範な分析が求められる。

〈 注 〉

(1) 校内成績については、論理的にはどの学校でも自動的に平均値3になるはずである。しかし、学校によって平均値に差があるのは、勉強に対しての苦手意識から、自分の校内成績を実際よりも低く回答する生徒が多い学校が存在するためと考えられる。

(2) 文化資本スコア×中入生ダミーの交互作用項を独立変数に追加して分析を行ったところ、下位校における「学校生活に満足」と「部活動に満足」に対して、文化資本スコア×中入生ダミーの交互作用項が正に統計的に有意であった。つまり、下位校では、文化階層が高い場合に限って、中入生が学校生活と部活動に満足する傾向がある。

(3) 社会的不平等を感じているかどうかから派生する意識として、「政府は、貧しい人と裕福な人の格差を縮めるべきだ」についても同様のロジスティック回帰分析を行ったが、やはり中入生ダミーは統計的に有意ではなく、回帰係数も小さかった。

〈 参考文献 〉

安藤福光，2005，「中高一貫校のカリキュラム開発とその教員組織に関する調査研究－カリキュラム・アーティキュレーション論の視点から」『カリキュラム研究』第14号，pp.75-88.

井上修，2001，『私立中高一貫校しかない！－教育階層化時代の勝ちぬき方』宝島社新書。

片岡栄美，2009，「格差社会と小・中学受験－受験を通じた社会的閉鎖、リスク回避、異質な他者への寛容性」『家族社会学研究』第21号，pp.30-44.

工藤保則，2010，『中高生の社会化とネットワーク－計量社会学からのアプローチ』ミネルヴァ書房。

瀬川松子，2009，『亡国の中学受験－公立不信ビジネスの実態』光文社新書。

内藤朝雄，2001，『いじめの社会理論－その生態学的秩序の生成と解体』柏書房。

服部泰秀，1995，「私学の特色ある一貫教育に関する調査・研究－教育効果の面よりみた中高一貫教育充実に関する研究」『日本私学教育研究所紀要』第30巻，pp.191-209.

樋田大二郎，1998，「中学受験－市場原理の選抜過程による社会の要請と個人の希望の調整」『子ども社会研究』第4号，pp.67-80.

松浦克己・滋野由紀子，1996，『女性の就業と富の分配－家計の経済学』日本評論社。

森上展安，2009，『10歳の選択－中学受験の教育論』ダイヤモンド社。

油布佐和子・六島優子，2006，「中高一貫教育の現状と課題」『福岡教育大学紀要 第4分冊 教職科編』第55集，pp.101-118.

公立中高一貫校の難関大学進学率
－私立よりも進学実績がよい？－

　第5章・第6章では、データの制約もあり、私立中高一貫校を対象に分析・考察を行った。しかし、この15年間ほどで、公立の中高一貫校（その多くは中等教育学校という中高一体型の学校として認可されている）も増加し、その大学進学実績も注目されている。このコラムでは、東京都内の私立中高一貫校と公立中高一貫校を、難関大学進学率という観点から比較してみたい。

　なお、ここでは公立の中高一貫教育が成果を上げているか（あくまで難関大学進学率という観点であるが）に関心があるため、高校入試の影響が混入することは防ぎたい。そこで、分析対象は完全中高一貫校（高校募集を行っていない中高一貫校）に限定することとする。東京都内の公立（都立・区立）の完全中高一貫校は、2019年時点で6校である。これでも他の県よりは多いが、6校しか存在しないので、具体的な学校名を挙げると、桜修館・九段・小石川・立川国際・三鷹・南多摩中等教育学校である。地元に住んでいる東京都民の方は、おそらく聞いたことがある学校だろう。ちなみに、東京都内に国立の完全中高一貫校は存在せず、国立の中高一貫校はすべて高校募集も行っている。

　各校の難関大学進学率は、2018年度の最新のデータを使って、第5章と同じように算出する。くり返しになるが、改めて説明すると、難関大学は便宜的に、国立大学は旧帝国大学（東京大学など七大学）・東京工業大学・一橋大学、私立大学は早稲田大学・慶應義塾大学・上智大学・東京理科大学・国際基督教大学（いわゆる早慶上理基）とする。これらの難関大学への合格者数および卒業生数は、声の教育社『2020年度用中学受験案内』に掲載されている。まず、旧帝国大学・東京工業大学・一橋大学の合格者

数に、早慶上理基の合格者数の3分の1を加算して、各校の難関大学進学者数を算出する。私立大学の合格者数に3分の1をかけるのは、私立大学の場合、合格した者が必ず進学するとは限らないからである。この難関大学進学者数の卒業生数に対する割合を求めることで、各校の難関大学進学率が算出される。大雑把ではあるが、その学校がどれくらい難関大学に生徒を輩出しているかの一つの指標にはなるだろう。なお、早稲田大学・慶應義塾大学の附属校・系列校は公立中高一貫校の比較対象として適さないと判断し、分析から除外した。

　まずは単純に、私立中高一貫校と公立中高一貫校の難関大学進学率を比較してみよう。その結果が表C−1である。

　表C−1を見ると、公立中高一貫校の難関大学進学率は平均で32.2%に達しており、私立中高一貫校よりも進学実績が高いことがうかがえる。また、私立と比べて標準偏差が小さく、学校ごとの難関大学進学率のばらつきが小さいこともわかる。私立はまさに「ピンからキリまで」であるが、公立の中高一貫校は、比較的同質性が高く、一定の進学実績を保持している傾向がある。

　しかし、ここで一つの疑問が生じる。公立の中高一貫校で進学実績が高いのは、そもそも入試で優秀な生徒を集めているからであって、中高一貫教育の成果とは言えないのではないか、という疑問である。公立中高一貫校が「適性検査」という名目で、実際には学力選抜を行っていることは、中学受験関係者の間では常識

表C−1　学校タイプごとの難関大学進学率（完全中高一貫校）

	平均値	標準偏差	有効度数
私立	0.267	0.264	49
公立（都立・区立）	0.322	0.118	6
合計	0.273	0.252	55

である。公立中高一貫校には、小学生のときから塾に通い、一定以上の学力がある生徒が入学する傾向がある。そこで、中学入試偏差値の影響を取り除いた、各校の難関大学進学率を見てみよう。

　各校の中学入試偏差値は、首都圏模試2012年偏差値（男女中間値・第1回午前入試）80％合格ラインを用いた。難関大学進学率のデータと6年間のタイムラグをとるのは、入学した世代と卒業した世代をそろえるためである。中学入試偏差値と難関大学進学率の関係を示したものが図C−3である。

　図C−3から、まず、中学入試偏差値と難関大学進学率がかなりきれいに対応していることがわかる。また、その対応は直線的ではなく、曲線的である。そしてこの推計の決定係数は0.747であり、学校間の難関大学進学率の違いの74.7％は、中学入試偏差値（つまり入学時の学力）で決まるということである。したがって、各校の難関大学進学率をそのまま「教育の成果」と捉えることは誤りである。

　とは言うものの、図を詳細に見てみると、曲線の上に位置して

図C−3　中学入試偏差値と難関大学進学率の関係（完全中高一貫校）

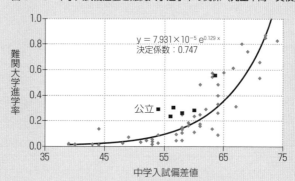

いる学校もあれば、曲線の下に位置している学校もある。曲線の上に位置している学校は、「入試偏差値のわりには難関大学進学率が高い学校」であり、曲線の下に位置している学校は、「入試偏差値のわりには難関大学進学率が低い学校」と読み取れる。後者の学校は、そもそも難関大学進学を目指さないような学校（典型的には私立女子大学の附属中学校・高校）ではないかと思われるかもしれないが、そのようなタイプの学校は基本的に高校募集も行っているため、今回のデータにはほとんど含まれていない。俗な言い方をすれば、曲線よりも上に位置している学校は、入学してから生徒が伸びている学校と考えられる。

　ここで、公立中高一貫校6校の位置に注目してみたい。図中で■マークで示しているように、公立中高一貫校はすべて、曲線の上に位置している。つまり、中学入試偏差値を考慮しても、「進学実績を出している」と言える。

　それでは、公立中高一貫校はなぜ、私立中高一貫校よりも難関大学進学率が高いのだろうか。理由は少なくとも二つ考えられる。第一に、公立中高一貫校は「都立の復権」などをかけて、学校または教育委員会が進学指導に力を入れている可能性である。東京都は2001年から進学指導重点校の認定を開始し、これは公立中高一貫校の設置時期と重なる。東京都（あるいは区）が進学校の人員・設備の充実を政策的に行っていることは間違いないだろう。第二に、公立中高一貫校の入試問題は私立中高一貫校の入試問題よりも知能検査のような色が強いため、中学入試偏差値が過小に算出されている可能性である。首都圏模試の中学入試偏差値は、基本的には私立の入試問題を前提とした偏差値である。他にもいろいろな推測ができるので、読者の皆さんもぜひ考えてみていただきたい。

　公立中高一貫校はこの15年間ほどで増加した学校種であり、

そこに通う生徒に対する調査・研究はまだほとんど行われていな
い。これから開拓すべき研究テーマである。

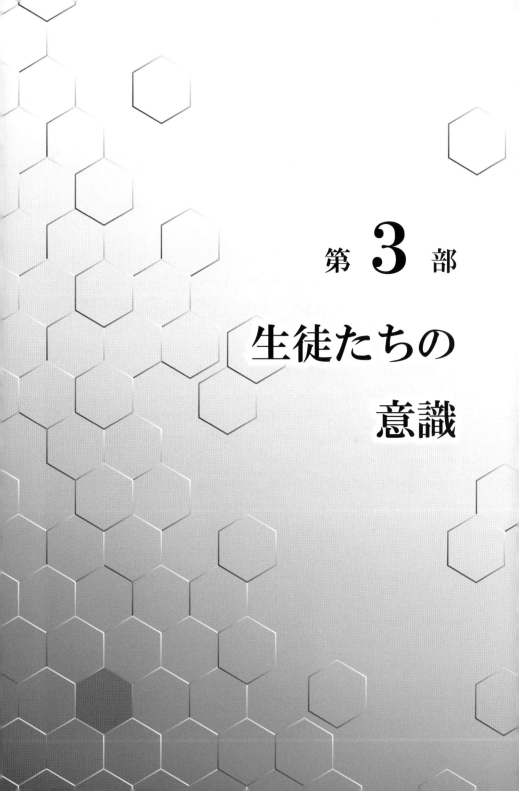

第 **3** 部

生徒たちの

意識

第 7 章

自己有能感の形成と学歴実力主義

ー学歴重視は悪いことか？ー

1 ── 問題設定

　本章の目的は、中学生の自己有能感の規定要因を分析するとともに、学歴実力主義を受け入れている生徒と受け入れていない生徒で、自己有能感の規定要因がどのように異なるのかを明らかにすることである。

　これまで碓井（1992）、根本（2007）など、多くの論者が、生徒の自己評価や自己有能感を高めることが、学校適応や就業意識の向上につながることを指摘してきた。中央教育審議会（2008）においても「自分に自信がある子どもが国際的に見て少ない。学習や将来の生活に対して無気力であったり、不安を感じたりしている子どもが増加」と述べられており、若者の自己有能感の欠如が問題視され、その克服が課題とされている。

　しかし、自己有能感に関する研究は、心理学領域においては数多くなされている一方、社会学領域においては非常に手薄である。例外的な研究として、苅谷（2001）は1979年と1997年の高校生の比較分析から、近年において、階層下位の生徒が勉強から離脱することで自己有能感を高めるという現象が生じていることを指摘している。それでは、中学生の自己有能感はどのように形成されているのだろうか。もちろん自己有能感の規定要因は多種多様であり、それらを網羅した分析を行うことは不可能である。そこで本章では、自己有能感の規定要因として、校内成績、実技教科の得意、友人の数、文化階層の四つを設定し、これらが自己有能感に与える影響の比較を行うこととする。

　ただし、本章の目的は、単純にこれらの変数が自己有能感をどれほど規定しているかを記述することにとどまらない。本章の第二の目的は、学歴が実力を

表しているという「学歴実力主義」を受け入れている生徒と、受け入れていない生徒において、自己有能感の規定要因がどのように異なるのかを明らかにし、学歴実力主義が薄らいだ場合に中学生の自己有能感の形成にどのような変化が生じるのかを推測することである。中野（2005）のように、高学歴が将来の安定を約束する時代は終わったとする言説も存在する中、学歴と実力は関係がないと認識する中学生は今後増加するかもしれない。また、野口（2002）、葉養（2005）のように、生徒たちを学歴実力主義から解放し、多元的な自己評価をできるようにすべきであるという論調は根強いものがある[1]。

　はたして、学歴と実力がむすびつけて考えられなくなった場合、自己有能感の規定要因にどのような変化が見られるのだろうか。また、その変化は望ましいものと言えるのだろうか。これらのことを本章の分析を通して検討する。

2 —— 仮説と分析手法

　本章で分析に使用するデータは、東京都の中学2年生を対象に2004年に実施した「東京都の中学生の生活・意識・行動に関するアンケート」である。調査対象は公立中学校13校に通う中学2年生であり、対象校は、東京都の東西南北から偏りが生じないように抽出された。生徒たちの日常意識や対人関係、生活の様子などが主な調査項目であり、学校を通した集団自記式によって回答を得た。最終的な有効回答数は1218名である。

　まず、仮説を設定する。校内成績が上位の生徒は、教師や友人に賞賛される機会が多いため、自己有能感が高いと考えられる。実技教科（音楽・美術・体育）が得意な生徒も、同様に教師や友人に賞賛される機会が多いため、自己有能感が高いと考えられる。友人の数が多い生徒は、自分の長所や特技を認めてくれる人物が周囲に多数いるため、自己有能感が高いと考えられる。そして、文化階層が上位の生徒は、家庭でさまざまな教養や芸能を身につける機会が多いことから、自分の能力を高く見積もると考えられる。

　そして、学歴実力主義（学歴は実力を表すという考え方）を受け入れている

生徒は、学歴取得につながるものである学業成績によって自己有能感が規定される度合いが大きく、学歴実力主義を受け入れていない生徒は、それ以外の要因によって自己有能感が規定される度合いが大きいことが予想される。以上の仮説を整理すると、次のようになる。

仮説1　校内成績が上位の生徒ほど、自己有能感が高い。
仮説2　実技教科が得意な生徒ほど、自己有能感が高い。
仮説3　友人の数が多い生徒ほど、自己有能感が高い。
仮説4　文化階層が上位の生徒ほど、自己有能感が高い。
仮説5　学歴実力主義を受け入れている生徒では、校内成績によって自己有能感が規定される程度が大きく、学歴実力主義を受け入れていない生徒では、実技教科の得意、友人の数、文化階層によって自己有能感が規定される程度が大きい。

　これらの仮説を検証するために、校内成績、実技教科の得意、友人の数、文化階層を独立変数、自己有能感を従属変数、学歴実力主義を統制変数とするクロス集計および重回帰分析を行う。第3節で行うのがクロス集計、第4節で行うのが重回帰分析である。
　従属変数である自己有能感は、「他の人に比べて優れているところがある」「その気になればなんでもできる」「自分に自信がある」という質問項目（4件法）への回答を、主成分分析で統合することで作成する。主成分分析の結果が表7－1である。以後、この分析で得られた主成分得点を便宜的に偏差値化したものを、自己有能感と記す。

表7－1　自己有能感の作成（主成分分析）

	成分負荷量
他の人に比べて優れているところがある	0.799
その気になればなんでもできる	0.645
自分に自信がある	0.795
寄与率	56.2%

独立変数のうち、校内成績は、「下のほう」〜「上のほう」の5段階の回答に対して、1〜5を割り当て、数値が大きいほど成績上位を表す変数とした。実技教科の得意は、「音楽、美術、体育の中で得意なものがある」という質問項目に、「とてもあてはまる」「まあまああてはまる」と回答した場合を「あり」、「あまりあてはまらない」「まったくあてはまらない」と回答した場合を「なし」とした。友人の数は、学校内外の友人の数を尋ねる七つの質問項目に対する回答を、実数に換算して加算した[2]。文化階層については、家庭の蔵書数、美術品・骨董品の有無、ピアノの有無に対してカテゴリカル主成分分析を行い、その主成分得点(平均値0、標準偏差1)を文化資本スコアとした。

　そして、統制変数である学歴実力主義は、「学歴は本人の実力を表している」という質問項目に、「とてもそう思う」「まあそう思う」と回答した場合を「強い」、「あまりそう思わない」「まったくそう思わない」と回答した場合を「弱い」とした。

3 ── 自己有能感の現状

　本節では、まず単純なクロス集計によって、校内成績、実技教科の得意、友人の数、文化階層と自己有能感の関係を示し、自己有能感の現状を明らかにしつつ、仮説1〜4を検証する。次に、学歴実力主義を統制変数とする三重クロス表を作成することで、学歴実力主義を受け入れている生徒と受け入れていない生徒で、各変数と自己有能感の関係がどのように異なるのかを分析し、仮説5を検証する。

　なお、クロス集計においては、自己有能感の高さを、度数ができるだけ均等になるように「高い」「中くらい」「低い」の3段階に分けて使用する。校内成績は、5〜4の生徒を「上位」、3の生徒を「中位」、2〜1の生徒を「下位」とする。友人の数は、度数ができるだけ均等になるように、39人以上を「多い」、22人以上39人未満を「中くらい」、22人未満を「少ない」とする。文化階層は、文化資本スコアに基づいて、度数ができるだけ均等になるように「上位」「中位」

「下位」を設定する。

3－1　二重クロス表の検討

　校内成績、実技教科の得意、友人の数、文化階層と自己有能感の関連をそれぞれ示したものが表7－2～表7－5である。

　まず、表7－2より、校内成績が高い生徒ほど、自己有能感が高いことがわかる。よって、仮説1は支持された。ここで注目すべきは、成績下位層では、自己有能感が下位に位置する生徒が半数弱（44.4%）に達していることである。相対的に自己有能感が低い成績下位の生徒という中学生像の一端が明らかになった。

　次に、表7－3より、実技教科が得意な生徒は、そうでない生徒よりも自己有能感が高い傾向にあることがわかる。よって、仮説2は支持された。また、クロス表における関連の強さを表すガンマ係数は0.473であり、表7－2よりも大きい。つまり、実技教科の得意と自己有能感の関連の強さは、校内成績と自己有能感の関連の強さよりも大きい。

　続いて、表7－4より、友人の数が多い生徒ほど、自己有能感が高いことがわかる。よって、仮説3は支持された。自分に何らかの能力があると感じるためには、他者からの承認が必要であることが示唆される。

　最後に、表7－5より、文化階層が上位の生徒ほど、自己有能感が高いことがわかる。よって、仮説4は支持された。もっとも、文化階層が上位の生徒ほど、学業成績が高い傾向があるため、文化階層と自己有能感の関連は、表7－2で見られた校内成績と自己有能感の関連を反映したものにすぎないかもしれない。文化階層と自己有能感が真に関連しているのか否かは、後の重回帰分析で検証する。

表7－2 校内成績と自己有能感の関係

		自己有能感			合計	有効度数
		高い	中くらい	低い		
校内成績	上位	43.1%	34.2%	22.7%	100.0%	295
	中位	30.9%	35.4%	33.7%	100.0%	401
	下位	22.6%	32.9%	44.4%	100.0%	477
合計		30.6%	34.1%	35.3%	100.0%	1173
独立性のカイ二乗検定		p=0.000				
ガンマ係数		0.273				

表7－3 実技教科の得意と自己有能感の関係

		自己有能感			合計	有効度数
		高い	中くらい	低い		
実技教科の得意	あり	34.4%	35.6%	30.0%	100.0%	949
	なし	14.5%	27.8%	57.7%	100.0%	227
合計		30.5%	34.1%	35.4%	100.0%	1176
独立性のカイ二乗検定		p=0.000				
ガンマ係数		0.473				

表7－4 友人の数と自己有能感の関係

		自己有能感			合計	有効度数
		高い	中くらい	低い		
友人の数	多い	38.2%	37.9%	23.8%	100.0%	369
	中くらい	30.9%	35.3%	33.8%	100.0%	391
	少ない	23.6%	29.8%	46.7%	100.0%	403
合計		30.7%	34.2%	35.1%	100.0%	1163
独立性のカイ二乗検定		p=0.000				
ガンマ係数		0.251				

表7－5 文化階層と自己有能感の関係

		自己有能感			合計	有効度数
		高い	中くらい	低い		
文化階層	上位	38.1%	33.8%	28.1%	100.0%	281
	中位	29.9%	34.9%	35.2%	100.0%	358
	下位	27.0%	34.2%	38.8%	100.0%	503
合計		30.6%	34.3%	35.0%	100.0%	1142
独立性のカイ二乗検定		p=0.010				
ガンマ係数		0.137				

3-2 三重クロス表の検討

　ここから学歴実力主義を統制変数とする三重クロス表を作成する。その結果が表7-6～表7-9である。

　まず、表7-6より、ガンマ係数に着目すると、学歴実力主義が弱い生徒は、強い生徒と比べて、校内成績と自己有能感のむすびつきが小さいことがわかる。

表7-6　学歴実力主義ごとの校内成績と自己有能感の関係

学歴実力主義			自己有能感			合計	有効度数
			高い	中くらい	低い		
強い	校内成績	上位	41.4%	39.1%	19.5%	100.0%	169
		中位	32.1%	36.8%	31.2%	100.0%	234
		下位	18.9%	37.0%	44.0%	100.0%	243
	合計		29.6%	37.5%	33.0%	100.0%	646
	独立性のカイ二乗検定		p=0.000				
	ガンマ係数		0.315				
弱い	校内成績	上位	42.1%	28.9%	28.9%	100.0%	114
		中位	28.0%	35.3%	36.7%	100.0%	150
		下位	25.6%	28.1%	46.2%	100.0%	199
	合計		30.5%	30.7%	38.9%	100.0%	463
	独立性のカイ二乗検定		p=0.006				
	ガンマ係数		0.213				

表7-7　学歴実力主義ごとの実技教科の得意と自己有能感の関係

学歴実力主義			自己有能感			合計	有効度数
			高い	中くらい	低い		
強い	実技教科の得意	あり	33.1%	38.4%	28.4%	100.0%	119
		なし	13.4%	32.8%	53.8%	100.0%	528
	合計		29.5%	37.4%	33.1%	100.0%	647
	独立性のカイ二乗検定		p=0.000				
	ガンマ係数		0.459				
弱い	実技教科の得意	あり	34.1%	33.1%	32.8%	100.0%	96
		なし	15.6%	21.9%	62.5%	100.0%	369
	合計		30.3%	30.8%	38.9%	100.0%	465
	独立性のカイ二乗検定		p=0.000				
	ガンマ係数		0.478				

学歴が実力を表すと考えていないのであれば、学歴を得るために必要となる学業成績を、自分の能力の指標とは認識しづらいのであろう。もっとも、学歴実力主義が弱い生徒であっても、校内成績と自己有能感の間には、ある程度の正の関連が見られる。

次に、表7－7より、学歴実力主義の強さにかかわらず、実技教科が得意な

表7－8　学歴実力主義ごとの友人の数と自己有能感の関係

学歴実力主義			自己有能感			合計	有効度数
			高い	中くらい	低い		
強い	友人の数	多い	35.1%	40.0%	24.9%	100.0%	205
		中くらい	30.8%	37.4%	31.7%	100.0%	227
		少ない	23.1%	34.4%	42.5%	100.0%	212
	合計		29.7%	37.3%	33.1%	100.0%	644
	独立性のカイ二乗検定		p=0.003				
	ガンマ係数		0.201				
弱い	友人の数	多い	40.0%	37.2%	22.8%	100.0%	145
		中くらい	30.7%	32.1%	37.2%	100.0%	137
		少ない	22.4%	25.3%	52.3%	100.0%	174
	合計		30.5%	31.1%	38.4%	100.0%	456
	独立性のカイ二乗検定		p=0.000				
	ガンマ係数		0.317				

表7－9　学歴実力主義ごとの文化階層と自己有能感の関係

学歴実力主義			自己有能感			合計	有効度数
			高い	中くらい	低い		
強い	文化階層	上位	33.1%	36.8%	30.1%	100.0%	163
		中位	27.9%	38.4%	33.7%	100.0%	190
		下位	28.2%	37.2%	34.7%	100.0%	277
	合計		29.4%	37.5%	33.2%	100.0%	630
	独立性のカイ二乗検定		p=0.771				
	ガンマ係数		0.060				
弱い	文化階層	上位	42.5%	31.1%	26.4%	100.0%	106
		中位	31.5%	31.5%	37.0%	100.0%	146
		下位	23.7%	30.8%	45.5%	100.0%	198
	合計		30.7%	31.1%	38.2%	100.0%	450
	独立性のカイ二乗検定		p=0.006				
	ガンマ係数		0.239				

生徒のほうが、自己有能感が高いことがわかる。ガンマ係数に着目しても、学歴実力主義が強い生徒と弱い生徒でほとんど差はない。学歴実力主義を受け入れていようがいまいが、実技教科の得意・不得意は、中学生の自己有能感と一定の関連を有している。

　続いて、表7-8より、ガンマ係数に着目すると、学歴実力主義が弱い生徒は、強い生徒と比べて、友人の数と自己有能感のむすびつきが大きいことがわかる。土井（2008）は、友人関係に振り回される現代の子供たちの状況を「友だち地獄」と呼んでいるが、そのような傾向は学歴実力主義を受け入れていない生徒においてやや強いと推測される。

　最後に、表7-9より、学歴実力主義が強い生徒では、文化階層と自己有能感の関連はほとんど見られないのに対して、学歴実力主義が弱い生徒では、文化階層が上位であるほど自己有能感が高い傾向にあることがわかる。家庭の文化資本と自己有能感がむすびついているのが、学歴を実力と見なしていない生徒たちの特徴である。

　以上、三重クロス表で得られた知見は仮説5を概ね支持している。すなわち、学歴実力主義を受け入れていない生徒は受け入れている生徒と比べて、校内成績と自己有能感の関連が小さく、友人の数、文化階層と自己有能感の関連が大きいのである。それぞれの変数の影響を互いに統制しても、これらのことが言えるかどうかを、次節で追究する。

4 ── 自己有能感の規定要因

　本節では、まず、互いの変数の効果を統制した状態で、校内成績、実技教科の得意、友人の数、文化階層が自己有能感に与える効果を重回帰分析によって明らかにし、仮説1〜4を再検証する。次に、仮説5を再検証するために、学歴実力主義が強い生徒と弱い生徒それぞれにおいて同様の重回帰分析を行い、その結果を比較する。

4－1　全体での分析

表7－10は、校内成績、実技教科の得意、友人の数、文化資本スコアを独立変数、自己有能感を従属変数とする重回帰分析の結果である。

表7－10より、すべての独立変数は互いの影響を統制した状態でも、自己有能感に対して影響を与えていることがわかる。中学生全体として見たならば、校内成績が上位であるほど、実技教科が得意であるほど、友人の数が多いほど、文化階層が上位であるほど、自己有能感が高いと言える。したがって、仮説1～4は改めて支持された。

表7－10　自己有能感の規定要因（重回帰分析）

	回帰係数	標準化回帰係数	有意確率
校内成績	2.178	0.251	***
実技教科得意ダミー	5.654	0.224	***
友人の数（10人単位）	0.847	0.161	***
文化資本スコア	0.572	0.057	*
（定数）	36.875		***
決定係数	0.173		
回帰のF検定	p=0.000		
有効度数	1123		

*** p<0.001　** p<0.01　* p<0.05

4－2　学歴実力主義ごとの分析

学歴実力主義が強い生徒と弱い生徒に分けて、表7－10と同様の分析を行った結果が表7－11である。

表7－11からまず気づくのは、学歴実力主義が強い生徒では、文化階層は自己有能感にほとんど影響を与えていないが、学歴実力主義が弱い生徒では、文化階層が自己有能感に統計的に有意な影響を与えているということである。また、それ以外の回帰係数の大きさに注目すると、学歴実力主義が弱い生徒は、強い生徒に比べて、校内成績の影響が小さく、友人の数の影響がやや大きいことがわかる。実技教科の得意が自己有能感に与える影響はほとんど変わらない。

表7−11　自己有能感の規定要因（重回帰分析）　学歴実力主義ごと

	学歴実力主義　強い			学歴実力主義　弱い		
	回帰係数	標準化回帰係数	有意確率	回帰係数	標準化回帰係数	有意確率
校内成績	2.579	0.301	***	1.575	0.184	***
実技教科得意ダミー	5.330	0.210	***	5.591	0.230	***
友人の数（10人単位）	0.618	0.116	**	0.990	0.195	***
文化資本スコア	0.203	0.021		1.250	0.127	**
（定数）	36.762		***	37.844		***
決定係数	0.171			0.185		
回帰のF検定	p=0.000			p=0.000		
有効度数	623			438		

*** p<0.001　** p<0.01　* p<0.05

これらは前節のクロス集計で得られた知見と合致しており、仮説5を概ね支持
している。

5 ── まとめと結論

　以上、中学生の自己有能感の規定要因についての分析を行い、その規定要因
が学歴実力主義によってどのように異なるのかを示してきた。その中で得られ
た知見は、校内成績、実技教科の得意、友人の数、文化階層はどれも中学生の
自己有能感を少なからず規定しているということと、学歴実力主義が弱い生徒
では、校内成績の影響が小さく、友人の数の影響がやや大きく、文化階層の影
響が大きいということである。また、実技教科の得意が自己有能感に与える影
響に学歴実力主義による差異は見られなかった。
　この結果から、仮に中学生の学歴実力主義が薄らいだ場合に、自己有能感の
形成にどのような変化が生じるのかを垣間見ることができる。そこで生じると
推測されることは、校内成績が自己有能感を規定する度合いの弱まりと、文化
階層が自己有能感を規定する度合いの強まりである。換言すると、学業成績が
能力の客観的指標としての地位を失い、家庭背景によって自己有能感が規定さ
れるようになるということである。さらに、一見予想されるような、実技教科

（いわゆる勉強面以外の技能）による自己有能感の形成は起こるとは考えづらい。学歴実力主義が、実技教科が得意な生徒の精神的充足を妨げているという論理は成立しない。

　それでは、なぜ学歴実力主義が弱い生徒では、家庭背景による自己有能感の形成が生じているのだろうか。本田（2005）は、現代社会が近代型能力（知識や順応性）を重視するメリトクラシー社会から、ポスト近代型能力（創造性や能動性）を重視するハイパー・メリトクラシー社会に移行しつつあることを論じ、ハイパー・メリトクラシー社会では、努力では獲得困難なポスト近代型能力が重視されることによって、家庭背景がもたらす不平等が拡大すると指摘している。学歴実力主義を受け入れていない生徒が、ハイパー・メリトクラシー的な価値観を受容している生徒であると考えれば、その自己有能感が家庭背景によって規定されることの説明は可能である。

　石田（1999）の分析が示すように、日本においては、学歴が職業的地位と所得に与える影響がイギリスやアメリカほど大きくないにもかかわらず、学歴社会の弊害が長らく指摘されてきた。つまり、学歴社会の負のイメージによって、「学歴社会から脱却して多元的な自己評価をできる社会を目指そう」という理念が、一種の定説となってきたのである。確かに、今回の分析は、学歴実力主義から生徒を自由にすることが、学業成績による一元的な自己評価の緩和につながり得ることを示唆している。学力だけが個人の能力ではないという視点に立てば、中学生から学歴実力主義を取り除くことは歓迎されることかもしれない。しかし、それと引き換えに、自己有能感の形成が家庭背景要因に依存するようになることが、生徒たちひいては日本社会にとって望ましいと言えるのかは、議論の余地があるだろう[3]。

　なお、本章では、学歴実力主義を受け入れている生徒と受け入れていない生徒を比較することで、仮に中学生の学歴実力主義が薄らいだ場合にどのようなことが起こるかを推測したが、この方法による推測が完全なものでないことは否定できない。学歴実力主義が弱まったとき、すべての生徒が「現在の学歴実力主義が弱い生徒」のようになるとは限らないからである。実証分析によるシミュレーションには限界があるが、引き続き、自己有能感と学歴実力主義の関

係をさまざまな観点から分析していきたい。

〈 注 〉

(1) たとえば野口（2002）は、「人間の値打ちを、偏差値というものさし一つだけで決めている教育のあり様に問題がある。偏差値という『学力』だけが人間の値打ちでなく、いろんなものさしがあるのだという当然の教育が求められている」（p.7）と述べている。偏差値という平均値50、標準偏差10に調整した値を表す統計用語を、受験学力という意味で使っている点は誤用であるが、このような言説は現在でも珍しくない。

(2) 友人の数は「クラス」「部活動」「学校」「塾」「習いごと」「地域の活動」「その他」のそれぞれについて、「いない」「1 ～ 3 人」「4 ～ 6 人」「7 ～ 9 人」「10 ～ 12 人」「13 人～」「入っていない／行っていない」の 7 件法で尋ねている。これを、「いない」を 0 人、「1 ～ 3 人」を 2 人、「4 ～ 6 人」を 5 人、「7 ～ 9 人」を 8 人、「10 ～ 12 人」を 11 人、「13 人～」を 15 人として加算した。その際、たとえばクラスの友人数を回答しているにもかかわらず、部活動の友人数に無回答の場合、「いない」あるいは「入っていない／行っていない」であると解釈して、部活動の友人数は 0 人として計算した。

(3) 表 7 -11 の独立変数に女子ダミーを追加した分析を補足的に行ったところ、女子ダミーの効果は学歴実力主義が弱い生徒でのみ、負に統計的に有意であった。つまり、学歴実力主義が弱い生徒では、家庭の文化資本の影響が大きいだけでなく、性別による影響も大きくなる。両者に共通しているのは、生まれによって自己有能感が決まる程度が大きいということである。

〈 参考文献 〉

石田浩，1999，「学歴取得と学歴効用の国際比較」『日本労働研究雑誌』第 41 巻，pp.46-58.

碓井真史，1992，「内発的動機づけに及ぼす自己有能感と自己決定感の効果」『社会心理学研究』第 7 巻，pp.85-91.

苅谷剛彦，2001，『階層化日本と教育危機－不平等再生産から意欲格差社会へ』有信堂。

中央教育審議会，2008，「幼稚園、小学校、中学校、高等学校及び特別支援学校の学習指導要領等の改善について（答申）」（https://www.mext.go.jp/b_menu/shingi/chukyo/chukyo0/toushin/__icsFiles/afieldfile/2009/05/12/1216828_1.pdf）。

土井隆義，2008，『友だち地獄－「空気を読む」世代のサバイバル』ちくま新書。

中野雅至，2005，『高学歴ノーリターン－ The School Record Does Not Pay』光文社。

根本橘夫，2007，『なぜ自信が持てないのか－自己価値感の心理学』PHP 新書。

野口克海，2002，「学力低下問題と教育改革－どうすれば子どもが元気になるか」長尾彰夫ほか『「学力低下」批判－私は言いたい 6 人の主張』AS 選書，pp.3-11.

葉養正明，2005，「学校教育における評価の功罪」『児童心理』第 59 巻，pp.16-21.

本田由紀, 2005, 『多元化する「能力」と日本社会－ハイパー・メリトクラシー化のなかで』NTT 出版。

第8章 ジェンダーをめぐる隠れたカリキュラム

ー学校で身につける性役割？ー

1 —— 問題設定

　本章の目的は、中学校における男女別名簿、男女呼び分け、教員の性別構成が、「隠れたカリキュラム」として、生徒の理系進路希望と性別役割分業意識に与える影響を明らかにすることである。

　教育社会学のジェンダー研究では、学校の「隠れたカリキュラム」が議論されることが多い。「隠れたカリキュラム」とは、学校教育において、本来のカリキュラム（顕在的カリキュラム）を伝達するときに、意図せずして子供たちに伝わる内容のことを指す。恒吉（1992）は、日本とアメリカの学校で「隠れたカリキュラム」が大きく異なることを明らかにしている。「隠れたカリキュラム」は社会の価値観から影響を受けるものであり、同時に次世代の人々の価値観をつくり出すものでもある。

　この概念がジェンダー研究にも援用され、天野・木村編（2003）、亀田・舘編（2000）、木村・古久保編（2008）など多くの論著において、男女別名簿、男女呼び分け、教員の性別構成などが、「隠れたカリキュラム」として子供たちに暗黙のメッセージを発していることが指摘されてきた。簡潔に述べれば、名簿を男子・女子の順番にし、男子を「君」で女子を「さん」で呼び、理数系の教員は男性ばかりという学校環境が、望ましいとされる男女の在り方を子供たちに暗黙に伝え、結果的に男女を区分けした社会構造が次世代に再生産されている可能性が指摘されてきたのである。

　しかし、これまでのジェンダー研究の多くは、実証データを伴わず、「隠れたカリキュラム」の存在を示唆するにとどまっていた。そのため、世間の人々

から「考えすぎだ」と言われたとき、説得的な返答ができない状況にあった。1990年代以降、男女を区別しない教育としてジェンダーフリー教育が注目され、推進派と反対派の間で多くの論争がなされたが、そのほとんどは明確な決着を得なかった[1]。その理由は、上野ほか（2006）が指摘するような思想的・感情的な対立によるところが大きいのだろう。しかし、それに加えて、ジェンダーに配慮しているとされる各教育実践が、生徒たちにどのような影響を与えるのか（与えないのか）が明らかでなかったことも、一因と考えられる。

　実際に、男女別名簿、男女呼び分け、教員の性別構成は、生徒の意識に影響を与えているのだろうか。与えているとしたら、どのような影響を与えているのだろうか。本章では、学齢期にすでに性別による分化が生じているとして議論されることが多い、理系進路希望と性別役割分業意識に着目し、「隠れたカリキュラム」の検証を試みる。

　なお、「隠れたカリキュラム」がどの生徒にも均一に影響を与えていると想定することは、おそらく現実に適合しない。大多和（2001）が示すように、中等教育においては、向学校文化を持つ生徒と脱学校文化（消費文化）を持つ生徒が分化し、両者では学校文化への参与が大きく異なる。したがって、「隠れたカリキュラム」も、主に学校文化に親和的な生徒に対して、影響を与えていると考えられる。そこで本章では、教師から考え方の影響を受けたと認識している生徒を、学校文化に親和的な生徒であると捉え、特にそのような生徒で、男女別名簿、男女呼び分け、教員の性別構成の影響が見られるのかどうかも検証する。

2 —— 使用するデータ

　本章で分析に使用するデータは、内閣府委託、リベルタス・コンサルティング実施「女子生徒等の理工系進路選択支援に向けた生徒等の意識に関する調査」である。この調査は2017年に、日本全国の公立中学2年生とその保護者を対象に実施されたものである。調査対象校は、全国の公立中学校（中等教育学校を含む）から地域的な偏りが生じないように選定され、1校につき1学級を抽

出し、生徒についてはホームルームなどでの集団自記式で、保護者については
郵送にて回答を得た。最終的な有効回答数は、学校51校、生徒1731名、男性
保護者615名、女性保護者918名である。学校の教育実践や教員配置について
は、学級担任（一部は理科教員）から回答を得ている。調査の詳細は、リベル
タス・コンサルティング（2018）に記載されている。

　ただし、本章で実際に分析対象とするのは、上記サンプルから、学級担任か
らの回答が得られていない2校とその生徒51名、2学級が混在している1校
とその生徒60名、性別不明の生徒8名を除外したものである。また、保護者
票は、生徒票とのマッチングができていないケースがあり、かつ、研究関心の
主眼ではないため、扱わない。したがって、分析対象は学校48校、生徒1612
名となる。男女別にすると、男子808名、女子804名と、サンプルサイズが十
分に大きいとは言えないが、ジェンダーに関するさまざまな質問項目を含んだ
全国規模のデータとして、学術的価値のあるものと考えられる。

　以下、第3節では、分析に使用する変数の説明と記述統計量の検討を行う。
そして、第4節で、マルチレベルロジスティック回帰分析によって、男女別名簿、
男女呼び分け、教員の性別構成が生徒の理系進路希望と性別役割分業意識に与
える影響を分析する。最後の第5節においては、知見のまとめと結論を述べる。

3 ── 記述統計量の検討

　分析で使用する変数の設定が表8－1、記述統計量が表8－2、表8－3で
ある。なお、教員の性別構成が理系進路希望と性別役割分業意識に与える影響
を検証する上では、理科教員連続男性ダミーに加えて、数学教員連続男性ダミー
も分析に加えるべきであるが、今回のデータでは調査されていない。当該変数
を加えた分析は、今後の課題としたい。

　まず、表8－2の平均値から、理系進路を希望している生徒は、男子で
41.5%、女子で27.8%と差がついていることがわかる。これは、多くの先行調査
の結果と一致している。また、性別役割分業を肯定している生徒は、男子で31.0%、

女子で 18.2% である。割合としては少数派であるものの、特に男子生徒において
は、性別役割分業を望ましいと考えている者が一定数いることがうかがえる。

　次に、表 8 − 3 の平均値から、31.3% の学校が男女別名簿を使っていること
がわかる。男女混合名簿の導入が進んだと言われる現在でも、男女別名簿は一
定数使われている。また、男女を「君」「さん」で呼び分けている学校は
45.8% と約半数である。近年、小学校では「さん」づけが一般的になっているが、
中学校はちょうど過渡期にあることがうかがえる。そして、理科教員が 2 年連
続男性であるケースも 45.8% と約半数である。表中には掲載していないが、理
科教員が 2 年連続女性であるケースは 10.4% であり、かなりの差がある[2]。こ
れらの学校環境が、「隠れたカリキュラム」として、生徒の理系進路希望や性
別役割分業意識に影響しているのかどうかが、本章の問いである。

表 8 − 1　変数の設定

		設定方法
生徒レベル	理系進路希望ダミー	「将来は文系／理系どちらの進路に進みたいか」で、「理系」「どちらかといえば理系」＝ 1、「文系」「どちらかといえば文系」「どちらでもない」「わからない・まだ決めていない」＝ 0
	性別役割分業意識ダミー	「夫は外で働き、妻は家庭を守るべきであるという考え方に賛成である」で、「そう思う」「どちらかといえばそう思う」＝ 1、「そう思わない」「どちらかといえばそう思わない」＝ 0
	三大都市圏ダミー	東京都・神奈川県・千葉県・埼玉県・愛知県・大阪府・兵庫県に在学している＝ 1、それ以外＝ 0
	異性きょうだいダミー	異性のきょうだいがいる＝ 1、いない＝ 0
	ランドセル性別色ダミー	小学生のときに最後に使っていたランドセルが性別連想色（男子は黒・青・紺色、女子は赤・ピンク色）＝ 1、それ以外＝ 0
	英語成績	学年の中での英語の成績 5 段階
	国社成績	学年の中での国語・社会の成績 5 段階の平均値
	数理成績	学年の中での数学・理科の成績 5 段階の平均値
	運動部ダミー	運動系の部活に所属している＝ 1、所属していない＝ 0
	文化部ダミー	文化系の部活に所属している＝ 1、所属していない＝ 0
	教師から影響ダミー	「あなたの考え方に影響を与えた人」で、「学校の先生」が「強く影響を与えた」「ある程度影響を与えた」＝ 1、「あまり影響を与えなかった」「まったく影響を与えなかった」「該当する人がいない」＝ 0
学校レベル	男女別名簿ダミー	学校として「男女混合名簿を採用していない」＝ 1、「男女混合名簿を採用している」＝ 0
	男女呼び分けダミー	学校として「男子をくん付け、女子をさん付け」＝ 1、「男女ともさん付け」「男女とも呼び捨て」「その他」＝ 0（学校としての方針がない場合は、多くの教員が行っているものを回答）
	理科教員連続男性ダミー	調査対象学級の中 1・中 2 の理科教員がともに男性＝ 1、それ以外＝ 0

表 8 - 2　変数の記述統計量（生徒レベル）

		有効度数	最小値	最大値	平均値	標準偏差
理系進路希望ダミー	男子	800	0.000	1.000	0.415	0.493
	女子	801	0.000	1.000	0.278	0.448
性別役割分業意識ダミー	男子	796	0.000	1.000	0.310	0.463
	女子	804	0.000	1.000	0.182	0.386
三大都市圏ダミー	男子	808	0.000	1.000	0.474	0.500
	女子	804	0.000	1.000	0.460	0.499
異性きょうだいダミー	男子	806	0.000	1.000	0.531	0.499
	女子	803	0.000	1.000	0.533	0.499
ランドセル性別色ダミー	男子	802	0.000	1.000	0.874	0.332
	女子	803	0.000	1.000	0.782	0.413
英語成績	男子	805	1.000	5.000	2.790	1.369
	女子	803	1.000	5.000	3.041	1.285
国社成績	男子	806	1.000	5.000	2.940	1.082
	女子	802	1.000	5.000	3.055	1.015
数理成績	男子	806	1.000	5.000	3.181	1.151
	女子	804	1.000	5.000	2.945	1.089
運動部ダミー	男子	807	0.000	1.000	0.825	0.380
	女子	803	0.000	1.000	0.593	0.492
文化部ダミー	男子	807	0.000	1.000	0.113	0.316
	女子	803	0.000	1.000	0.362	0.481
教師から影響ダミー	男子	780	0.000	1.000	0.569	0.496
	女子	775	0.000	1.000	0.559	0.497

表 8 - 3　変数の記述統計量（学校レベル）

	有効度数	最小値	最大値	平均値	標準偏差
男女別名簿ダミー	48	0.000	1.000	0.313	0.468
男女呼び分けダミー	48	0.000	1.000	0.458	0.504
理科教員連続男性ダミー	48	0.000	1.000	0.458	0.504

4 —— 隠れたカリキュラムの影響

　ここから、理系進路希望および性別役割分業意識を従属変数とするマルチレ
ベルロジスティック回帰分析（ランダム切片モデル）を行う。分析結果はすべ
て男女別に示す。分析の際、独立変数の欠損値（無回答など）は、多重代入法

によって補正した。予測変数は表8－2および表8－3に示した変数すべて、代入回数は5回、代入方法は多変量正規回帰である[3]。また、サンプルサイズが小さいことをふまえ、統計的検定の有意性判定は、10%水準まで含めて行うこととする。

4－1　理系進路希望への影響

　理系進路希望を従属変数とするマルチレベルロジスティック回帰分析の結果が表8－4、表8－5である。モデル1では、生徒全体として見た場合に、男女別名簿、男女呼び分け、教員の性別構成が理系進路希望に影響を与えているかどうかを検証している。モデル2は交互作用モデルであり、特に教師から影響を受けているタイプの生徒において、男女別名簿、男女呼び分け、教員の性

表8－4　男子の理系進路希望の規定要因（マルチレベルロジスティック回帰分析）

		モデル1			モデル2		
		回帰係数	オッズ比	有意確率	回帰係数	オッズ比	有意確率
生徒レベル	三大都市圏ダミー	－ 0.077	0.926		－ 0.064	0.938	
	異性きょうだいダミー	0.183	1.201		0.167	1.181	
	ランドセル性別色ダミー	－ 0.080	0.923		－ 0.083	0.921	
	英語成績	－ 0.083	0.921		－ 0.087	0.917	
	国社成績	－ 0.626	0.535	***	－ 0.642	0.526	***
	数理成績	1.178	3.248	***	1.184	3.268	***
	運動部ダミー	0.431	1.539		0.442	1.556	
	文化部ダミー	0.794	2.211	*	0.775	2.170	*
	教師から影響ダミー				－ 0.096	0.909	
学校レベル	男女別名簿ダミー	0.072	1.074		0.119	1.126	
	男女呼び分けダミー	0.086	1.090		－ 0.230	0.794	
	理科教員連続男性ダミー	－ 0.035	0.965		－ 0.048	0.954	
交互作用	教師から影響×男女別名簿ダミー				－ 0.096	0.908	
	教師から影響×男女呼び分けダミー				0.575	1.777	+
	教師から影響×理科教員連続男性ダミー				0.035	1.035	
(定数)		－ 2.596		***	－ 2.498		***
残差分散：生徒レベル（固定値）		3.290			3.290		
残差分散：学校レベル		0.180			0.189		
有効度数：生徒レベル		800			800		
有効度数：学校レベル		48			48		

*** p<0.001　** p<0.01　* p<0.05　+ p<0.1

表8－5　女子の理系進路希望の規定要因（マルチレベルロジスティック回帰分析）

		モデル1			モデル2		
		回帰係数	オッズ比	有意確率	回帰係数	オッズ比	有意確率
生徒レベル	三大都市圏ダミー	0.118	1.125		0.127	1.135	
	異性きょうだいダミー	− 0.111	0.895		− 0.115	0.891	
	ランドセル性別色ダミー	− 0.004	0.996		0.017	1.017	
	英語成績	0.035	1.036		0.048	1.049	
	国社成績	− 0.735	0.479	***	− 0.754	0.470	***
	数理成績	1.069	2.913	***	1.078	2.939	***
	運動部ダミー	0.323	1.381		0.378	1.459	
	文化部ダミー	0.282	1.326		0.335	1.398	
	教師から影響ダミー				0.131	1.139	
学校レベル	男女別名簿ダミー	0.632	1.881	*	0.588	1.800	+
	男女呼び分けダミー	− 0.253	0.777		− 0.255	0.775	
	理科教員連続男性ダミー	− 0.060	0.942		0.348	1.416	
交互作用	教師から影響×男女別名簿ダミー				0.051	1.052	
	教師から影響×男女呼び分けダミー				0.065	1.067	
	教師から影響×理科教員連続男性ダミー				− 0.778	0.459	*
（定数）		− 2.593		***	− 2.762		***
残差分散：生徒レベル（固定値）		3.290			3.290		
残差分散：学校レベル		0.443			0.412		
有効度数：生徒レベル		801			801		
有効度数：学校レベル		48			48		

*** p<0.001　** p<0.01　* p<0.05　+ p<0.1

別構成が理系進路希望に影響を与えているかどうかを検証している。

　表8－4のモデル1より、男女別名簿、男女呼び分け、教員の性別構成は、男子全体として見れば、理系進路希望に影響を与えているとは言えない。しかし、モデル2より、教師から影響を受けているタイプの男子は、男女呼び分けがなされていると理系進路を希望しやすいことがわかる。また、表8－5のモデル1より、男女別名簿は総じて女子の理系進路希望を高める。そして、モデル2より、教師から影響を受けているタイプの女子は、男性の理科教員が続くと理系進路を希望しづらいことがわかる。以上の知見に対する考察は、第5節で行う。

　なお、補足的な知見として、表8－4、表8－5を通して、男女ともに国社成績が高いほど理系進路を希望しづらく、数理成績が高いほど理系進路を希望しやすいことがわかる。能力・適性に応じた進路選択が近代以降の学校の理念

であることを考えれば、理にかなったことと言えるだろう。また、表8－4から、男子では文化部に所属している生徒が理系進路を希望しやすいことがわかるが、これはもともと理系志向の男子生徒がコンピューター部や科学部に入っているためと考えられる。

4－2　性別役割分業意識への影響

　性別役割分業意識を従属変数とするマルチレベルロジスティック回帰分析の結果が表8－6、表8－7である。モデル1では、生徒全体として見た場合に、男女別名簿、男女呼び分け、教員の性別構成が性別役割分業意識に影響を与えているかどうかを検証している。モデル2は交互作用モデルであり、特に教師から影響を受けているタイプの生徒において、男女別名簿、男女呼び分け、教

表8－6　男子の性別役割分業意識の規定要因（マルチレベルロジスティック回帰分析）

		モデル1			モデル2		
		回帰係数	オッズ比	有意確率	回帰係数	オッズ比	有意確率
生徒レベル	三大都市圏ダミー	0.076	1.079		0.086	1.090	
	異性きょうだいダミー	− 0.042	0.959		− 0.059	0.942	
	ランドセル性別色ダミー	0.173	1.189		0.183	1.201	
	英語成績	0.009	1.009		0.006	1.006	
	国社成績	0.070	1.073		0.050	1.051	
	数理成績	− 0.052	0.949		− 0.055	0.947	
	運動部ダミー	− 0.137	0.872		− 0.155	0.856	
	文化部ダミー	− 0.793	0.452	*	− 0.865	0.421	*
	教師から影響ダミー				0.515	1.674	+
学校レベル	男女別名簿ダミー	0.275	1.317		0.078	1.081	
	男女呼び分けダミー	− 0.076	0.927		0.231	1.260	
	理科教員連続男性ダミー	− 0.149	0.862		− 0.028	0.973	
交互作用	教師から影響×男女別名簿ダミー				0.362	1.436	
	教師から影響×男女呼び分けダミー				− 0.499	0.607	
	教師から影響×理科教員連続男性ダミー				− 0.188	0.828	
（定数）		− 0.847		*	− 1.083		*
残差分散：生徒レベル（固定値）		3.290			3.290		
残差分散：学校レベル		0.049			0.066		
有効度数：生徒レベル		796			796		
有効度数：学校レベル		48			48		

＊＊＊ p＜0.001　＊＊ p＜0.01　＊ p＜0.05　＋ p＜0.1

表 8 − 7　女子の性別役割分業意識の規定要因（マルチレベルロジスティック回帰分析）

		モデル1			モデル2		
		回帰係数	オッズ比	有意確率	回帰係数	オッズ比	有意確率
生徒レベル	三大都市圏ダミー	− 0.073	0.930		− 0.117	0.890	
	異性きょうだいダミー	0.180	1.198		0.196	1.217	
	ランドセル性別色ダミー	0.487	1.627	+	0.491	1.633	+
	英語成績	0.005	1.005		0.025	1.025	
	国社成績	− 0.156	0.856		− 0.162	0.851	
	数理成績	0.093	1.097		0.078	1.081	
	運動部ダミー	0.127	1.135		0.121	1.129	
	文化部ダミー	0.290	1.336		0.290	1.337	
	教師から影響ダミー				− 0.091	0.913	
学校レベル	男女別名簿ダミー	− 0.014	0.986		0.362	1.437	
	男女呼び分けダミー	− 0.209	0.811		− 0.206	0.814	
	理科教員連続男性ダミー	− 0.198	0.821		− 0.446	0.640	
交互作用	教師から影響×男女別名簿ダミー				− 0.712	0.491	+
	教師から影響×男女呼び分けダミー				− 0.049	0.952	
	教師から影響×理科教員連続男性ダミー				0.443	1.558	
（定数）		− 1.850		**	− 1.777		**
残差分散：生徒レベル（固定値）		3.290			3.290		
残差分散：学校レベル		0.256			0.237		
有効度数：生徒レベル		804			804		
有効度数：学校レベル		48			48		

*** p＜0.001　** p＜0.01　* p＜0.05　+ p＜0.1

員の性別構成が性別役割分業意識に影響を与えているかどうかを検証している。

　表 8 − 6 のモデル 1・モデル 2 より、男女別名簿、男女呼び分け、教員の性別構成は、男子の性別役割分業意識に影響を与えているとは言えない。また、表 8 − 7 のモデル 1 より、男女別名簿、男女呼び分け、教員の性別構成は、女子全体として見れば、性別役割分業意識に影響を与えているとは言えない。しかし、モデル 2 より、教師から影響を受けているタイプの女子は、男女別名簿が使われていると性別役割分業を否定しやすいことがわかる。以上の知見に対する考察は、第 5 節で行う。

　なお、補足的な知見として、表 8 − 6 から、男子では文化部に所属している生徒が性別役割分業を否定しやすいことが確認できる。これは「男は女をリードすべき」というジェンダー規範から比較的自由な雰囲気が、文化部の男子に

あるためと考えられる。また、表8-7から、赤やピンクのランドセルを使っていた女子は性別役割分業を肯定しやすいことがわかるが、これは学校の「隠れたカリキュラム」の影響というよりは、ランドセルを選んだ家庭の文化の影響と考えられる。さらに付言すれば、表8-6と表8-7の分析は、回帰のF検定の結果が示すように、モデルの説明力が高いとは言えない。部分的に男女別名簿の影響などは見られるものの、性別役割分業意識は今回用いた変数以外の要因、たとえば身近な大人の就労状況や日頃から触れるメディアによって形成される部分が大きいと考えられる。

5 ── まとめと結論

　以上の分析から得られた主な知見は、次の三点である。

　第一に、男女別名簿は女子の理系進路希望を高める。これは、男女別名簿をジェンダーフリーに反するものとして、どちらかと言えば否定的に論じてきた従来のジェンダー研究の指摘に反する結果である。男女別名簿が使われていると、数学や理科の授業内でのグループワークや実験が男女別に行われることが多く、男子がおらず女子だけのグループ内において、理数系の能力がある女子がリーダーシップを発揮しやすいことが考えられる。この点は日野（2005）も指摘しており、ジェンダーへの敏感さを欠いた状態で形式的に男女混合名簿を導入しても、男女混合のグループワークや実験が増え、そこで女子が消極的になってしまうことがあり得ると論じている。今回のデータでも、男女混合名簿が使われている学校では、数学や理科の授業に積極的な生徒が男子に偏る傾向が見られている[4]。

　第二に、教師から影響を受けているタイプの男子は、男女呼び分けがなされていると理系進路を希望しやすい。これは、男子生徒が呼ばれ方によって自身の性別を暗黙にも意識することが増えるためと考えられる。また、教師から影響を受けているタイプの女子は、男性の理科教員が続くと理系進路を希望しづらい。これは、女子生徒にとってロールモデル（模範対象）になり得る身近な

理系の女性が少なくなるためと考えられる。これらの結果は、従来のジェンダー研究が指摘していたことが支持された形である。すなわち、理系進学率の男女差の縮小を目指すのであれば、男女の呼び方を区別しない、女性の理科教員を増やすといった取り組みは、部分的にではあるが、効果を有する可能性がある。

　第三に、教師から影響を受けているタイプの女子は、男女別名簿が使われていると性別役割分業を否定しやすい。第一の知見と同様、男女別名簿が使われているほうが、グループワークや実験が男女別に行われることが多いため、グループ内で性別による役割分担が暗黙になされてしまうことが少ないというメカニズムが考えられる。古田（2016）も、男女比が均等に近い（つまり、男女の接触頻度が高い）学校ほど、女子が実際以上に理数系に苦手意識を持つという分析結果を示しており、本章の知見と整合している。逆説的であるが、男子ばかり、女子ばかりで固まりやすい環境のほうが、ジェンダーフリーな価値観が形成されやすいと考えられる。女子校で女子が活躍しやすいことと類似のメカニズムが推測される。

　なお、第一の知見と第三の知見を受けて、「男女混合名簿をやめるべきである」という結論を導くことは、おそらく妥当ではない。これらの知見が示唆するのは、近年広がっているからという理由で特段の配慮なく男女混合名簿を導入してしまうと、一部の女子生徒の理系進路希望の冷却や性別役割分業の肯定という「意図せざる結果」をもたらす可能性があるということである。木村（1999）がフィールドワークに基づいて示したように、教室内においては、声の大きな男子の発言によって女子の発言がかき消されるという事象がしばしば生じる。男女混合名簿の導入に伴って、男女混合のグループワークや実験が増えた場合、一部の男子の「積極性」によって、女子の活躍が阻害されることがないよう、教師の配慮が求められる。この点は、協働的な学習がアクティブ・ラーニングとして推進されている昨今の学校現場において、より重要になると考えられる。

　以上、中学校における男女別名簿、男女呼び分け、教員の性別構成に着目して、生徒の理系進路希望と性別役割分業意識に与える影響を検証してきた。知見を総括すれば、「隠れたカリキュラム」の影響は、これまでのジェンダー研究の指摘通りに見られる部分もあれば、指摘とは反対方向に見られる部分、明

確には見られない部分もある。本章は、実証データを伴わずに「隠れたカリキュラム」の影響が議論されてきた従来の言説に、一石を投じることができたと考えられる。なお、影響が見られなかった部分については、中学校教育ではなく、幼児教育や小学校教育で見られる可能性もある。また、教師の言動や教科書の記述による影響も、先行研究においてしばしば指摘されているが、本章では検証できていない。今後の課題としては、以上の点に加えて、サンプルサイズを増やした調査データによる再検証を行うことが挙げられる。

〈 注 〉

(1) ジェンダーフリー教育とは何か、という言葉の定義自体が一つの論争の種となっているが、具体的には、男女混合名簿、男女の「さん」づけ、運動会の種目の男女合同、「男らしく」「女らしく」に類する指導の禁止、多様な性の在り方の紹介などを指すことが多い。2000 年代には、これらの教育への批判や、その批判への反論が活発に行われた。

(2) 文部科学省の 2016 年度「学校教員統計調査」から算出すると、中学校の理科担当の専任教員のうち、74.6% が男性である。生徒にとっては、中学校 3 年間において、2 年連続さらには 3 年連続、理科教員が男性であることは確率的に十分に生じ得る。

(3) 本章の分析では、特に欠損値が多い変数を用いるわけではないが、男女別のサンプルサイズがもともと大きくないこともあり、少しでも代表性のあるデータとするため、欠損値の代入を行うこととした。多重代入法は、分析に使用する変数の欠損値を他の変数から予測して代入する手法であり、単一の値を代入するのではなく、複数のパターンの代入を行い、その結果を統合することで、最終的な分析結果を導く。

(4) 「普段の数学の授業で、積極的に挙手や発言をする生徒」は男女どちらが多いかを尋ねた変数と名簿編成の関連をクロス集計で検証したところ、男女混合名簿を使っている学校のほうが、女子が数学の授業に消極的であった。理科についても同様であった。

〈 参考文献 〉

天野正子・木村涼子編，2003，『ジェンダーで学ぶ教育』世界思想社。

上野千鶴子・宮台真司・斎藤環・小谷真理ほか，2006，『バックラッシュ！－なぜジェンダーフリーは叩かれたのか？』双風舎。

大多和直樹，2001，「『地位欲求不満説』再考－上層：生徒文化・下層：若者文化モデル試論」『犯罪社会学研究』第 26 号，pp.116-140.

亀田温子・舘かおる編，2000，『学校をジェンダー・フリーに』明石書店。

木村涼子，1999，『学校文化とジェンダー』勁草書房。

木村涼子・古久保さくら編，2008，『ジェンダーで考える教育の現在－フェミニズム教育学

をめざして』解放出版社。

恒吉僚子，1992，『人間形成の日米比較－かくれたカリキュラム』中公新書。

日野玲子，2005，「『ジェンダー・フリー』教育を再考する－担い手の立場から、ジェンダー
　　に敏感な教育を考える」木村涼子編『ジェンダー・フリー・トラブル－バッシング現象を
　　検証する』白澤社，pp.95-115.

古田和久，2016，「学業的自己概念の形成におけるジェンダーと学校環境の影響」『教育学研究』
　　第 83 巻，pp.13-25.

リベルタス・コンサルティング，2018，『平成 29 年度内閣府委託調査 女子生徒等の理工系進
　　路選択支援に向けた生徒等の意識に関する調査研究』（報告書）。

<謝辞>

　本章の執筆にあたり、内閣府男女共同参画局から「女子生徒等の理工系進路選択支援に向
けた生徒等の意識に関する調査」の個票データをお借りしました。ここに深く感謝を申し上
げます。なお、本章の内容は、筆者個人の分析と考察によるものです。

第9章 授業形式と教師への信頼
―三つの信頼はどうすれば高まるのか？―

1 ―― 問題設定

　本章の目的は、学校の教師生徒比と授業形式が、生徒の教師に対する信頼に与える影響を明らかにし、教師への信頼を高めるための方策を追究することである。

　現在、教師への信頼が揺らいでいると言われている。マスコミでは教師の不祥事が日々報道され、藤田（2006）が指摘するように、近年導入されている教員評価制度も、教師への信頼の揺らぎが背景にあると解釈することが可能である。広田（2005）は、学校・教師バッシングの背後には、むしろ学校教育に対する過大な期待があると述べ、近年の社会状況を「教育不信と教育依存の時代」と形容している。教師への信頼の揺らぎは、生徒にとっても教師にとっても社会全体にとっても、望ましいことではないだろう。生徒にとっては、必ずしも信頼できない大人から日々の教育を受けることになり、教師にとっては、生徒や保護者から懐疑の目で見られることになる。そして社会全体にとっては、教師の地位低下によって教師志望者が減り、結果的に本当に教育の質が下がってしまう可能性があるからである。

　しかし、教師を信頼するべきだと叫んだところで、おそらく効果は乏しい。今必要なことは、どうすれば教師への信頼を高めることができるのかを、実証的に検討することではなかろうか。露口（2012）は、保護者が学校を信頼する要因として、教師側の誠実性（配慮や相談や理解）と充実性（PTAや行事活動の充実）を示している。しかし、教育を受けている主体である生徒が教師を信頼するには何が必要なのかは、これまでの研究において十分に実証されているとは言いがたい。前田・佐久間・新見（2009）は、教師への信頼が生徒の学

校適応感に与える影響が、友人への信頼が学校適応感に与える影響よりも大きいことを示している。具体的にどのような学校環境や授業実践が、生徒の教師への信頼を高めるのか。このことを明らかにする意義は大きいだろう。

　もちろん、社会全体としての教師への信頼は、生徒の意識のみで決まるものではない。しかし、生徒の教師への信頼を高めることは、ひいては社会全体における教師への信頼を高めることにもつながると考えられる。というのも、生徒はいずれ社会人となる存在であるし、現在においても保護者や知人との対話を通して、教師が信頼できる存在なのかを社会全体に広めていく存在でもあるからである。

2 ── 使用するデータ

　本章で分析に使用するデータは、東京都の専門高校2年生を対象に2008年に実施された「東京都の高校生の生活・意識・行動に関するアンケート」である。調査対象は東京23区内の都立専門高校17校（工業科9校、商業科4校、農業科2校、その他の学科2校）と普通科高校3校であり、最終的な有効回答数は2830名であった。調査の詳細は、東京大学教育学部・ベネッセ教育研究開発センター編（2010）に記載されている。ただし、本章で分析対象とするのは、その中でも専門高校の生徒データ2377名である。

　分析対象を専門高校の生徒に限定する理由は二つある。第一の理由は、この調査では普通科高校を3校しか調査しておらず、信頼性のある分析結果を得るには学校数が少なすぎるという制約があるためである。第二の理由は、専門高校は教師が厚く配置されていることが多く、多様な授業形式が見られるため、教師生徒比（教師1人あたりの生徒数）や授業形式が教師への信頼に与える効果を分析する上で適しているためである。専門高校というとカリキュラムの特殊性ばかりが注目されるが、教師生徒比と授業形式の効果を見いだすためのモデルケースとも見なせる。普通科高校を分析対象とした場合、教師生徒比が全体的に大きいため、「小さくしたらどうなるのか」の分析が不可能であるし、

たとえば少人数授業などの授業形式は、一部の教科やコースでしか行われていないため、その効果の抽出が困難である。

　なお、以下のすべての分析においては、分析サンプルにおける各学科の生徒数の比率が母集団の縮図となるように、ウェイト調整を行っている。母集団における生徒数比率は、学習研究社『2009年入試用都立に入る！』から算出した。

3 —— 仮説の設定と変数

　本節では、分析に先立ち、仮説を設定する。まず、常識的な見解であるが、生徒の教師への信頼を高めるには手厚い授業形式が有効となるだろう。手厚い授業形式とは具体的には、積極的に質問や意見を言える授業、教師が個別のアドバイスや手助けをしてくれる授業、少人数授業（便宜的に生徒数25人以下とする）のことである。これらの授業が行われることで、生徒は教師の知識や技能に信頼を抱く機会が増し、さらに教師に対して親近感を覚えると考えられる。

　しかし手厚い授業形式は、教師生徒比が小さい（つまり教師数が相対的に多い）学校においてこそ可能になるはずである。油布編（2007）をはじめ、多くの論者が指摘しているように、近年の教師は極めて多忙な状況にある。教師が足りない状況でこれらの手厚い授業形式を行うことは困難であると考えられる。

　また、教師生徒比が小さいことは、前述のような手厚い授業形式が可能になることを経由して、生徒の教師への信頼を高めるだけでなく、それとは独立にも、生徒の教師への信頼を高めると考えられる。なぜなら、教師生徒比が小さい学校においては、教師が比較的ゆとりを持って教材研究や授業準備を行ったり、生徒とコミュニケーションを取ったりできると予想されるためである。群馬県教育委員会・社会経済生産性本部コンサルティング部編（2008）では、多くの教師が教材研究や授業準備を計画しているものの、必要な時間が確保できない現状が示されている。その時間を確保できるようになれば、教師が万全の態勢で生徒に向き合えるようになると考えられる。

　したがって、分析枠組みは図9－1のようになる。仮説については後述する。

図9－1　分析枠組み

なお、本章における「教師への信頼」は三つの尺度で構成される。一つ目は、知識や技能の所持に対する信頼、すなわち「担当科目に関する知識や経験が豊富な先生が多い」と感じているかどうかである。二つ目は、知識や技能を伝達する能力に対する信頼、すなわち「教え方が上手な先生が多い」と感じているかどうかである。そして三つ目は、（知識や技能ではなく）人格に対する信頼、すなわち「親しみやすい先生が多い」と感じているかどうかである。木村（2008）は、日本は歴史的に教師に「人間性（徳性）」を求める傾向が強いことを指摘している。この三つで信頼を網羅できるわけではないが、生徒にとっての教師への信頼は主にこの三つであろう。以上の議論から導かれた仮説を整理する。

理論仮説1　手厚い授業形式は教師への信頼を高める。

作業仮説1－1　積極的に質問や意見を言える授業、個別のアドバイスや手助けをしてくれる授業、生徒数が25人以下の授業を多く受けている生徒ほど、知識や経験が豊富な先生が多いと感じている。

作業仮説1－2　積極的に質問や意見を言える授業、個別のアドバイスや手助けをしてくれる授業、生徒数が25人以下の授業を多く受けている生徒ほど、教え方が上手な先生が多いと感じている。

作業仮説1－3　積極的に質問や意見を言える授業、個別のアドバイスや手助けをしてくれる授業、生徒数が25人以下の授業を多く受けている生徒ほど、親しみやすい先生が多いと感じている。

理論仮説2　手厚い授業形式は教師生徒比が小さい学校において行われやすい。

作業仮説2－1　教師1人あたりの生徒数が少ない学校ほど、積極的に質問や意見を言える授業が多く行われている。

作業仮説2-2　教師1人あたりの生徒数が少ない学校ほど、個別のアドバイスや手助けをしてくれる授業が多く行われている。

作業仮説2-3　教師1人あたりの生徒数が少ない学校ほど、生徒数が25人以下の授業が多く行われている。

理論仮説3　学校の教師生徒比は授業形式とは独立にも教師への信頼を規定する。

作業仮説3-1　授業形式の効果を統制しても、教師1人あたりの生徒数が少ない学校の生徒ほど、知識や経験が豊富な先生が多いと感じている。

作業仮説3-2　授業形式の効果を統制しても、教師1人あたりの生徒数が少ない学校の生徒ほど、教え方が上手な先生が多いと感じている。

作業仮説3-3　授業形式の効果を統制しても、教師1人あたりの生徒数が少ない学校の生徒ほど、親しみやすい先生が多いと感じている。

　分析に使用する変数は、以下のように設定した。

① 教師への信頼…「担当科目に関する知識や経験が豊富な先生が多い」「教え方が上手な先生が多い」「親しみやすい先生が多い」という生徒の意識を尋ねる質問項目それぞれについて、「とてもあてはまる」「まああてはまる」に1、「あまりあてはまらない」「まったくあてはまらない」に0を割り当てた。

② 授業形式…「積極的に質問や意見を言える授業」「個別のアドバイスや手助けをしてくれる授業」「生徒数が25人以下の授業」という授業の頻度を尋ねる質問項目それぞれについて、「ほとんどすべて」に5、「半分より多い」に4、「半分くらい」に3、「半分より少ない」に2、「ほとんどない」に1を割り当てた。

③ 教師生徒比…その学校の総教員数と総生徒数をもとに、教師1人あたりの生徒数を算出した。なお、無回答校には学科の平均値を代入した。

④ 常勤教師割合…その学校の常勤教員数と非常勤教員数をもとに、常勤教師

が占める割合を算出した。なお、無回答校には学科の平均値を代入した。

⑤ 入試難易度…学習研究社『2009年入試用都立に入る！』に記載されている、調査書と学力審査の比重を加味した各学校の入試難易度を用いた。今回の調査対象校では、最小値が410、最大値が690である。なお、入試未実施校には、生徒が回答した中2時成績の学校平均から入試難易度に対する回帰分析の予測値を代入した。決定係数は0.929であったため、予測の精度はかなり高いと言えるだろう。

4 ── 授業と信頼のメカニズム

4－1　授業形式が教師への信頼に与える影響

　理論仮説1「手厚い授業形式は教師への信頼を高める」に基づく三つの作業仮説を検証するため、教師への信頼を従属変数とするロジスティック回帰分析を行った[1]。その結果が表9－1～表9－3である。

　表9－1～表9－3の分析から、作業仮説1－1～1－3は概ね支持された。すなわち、手厚い授業形式を受けることによって、生徒はさまざまな側面において教師を信頼するようになるのである。ただし、少人数授業の効果は他の授業形式の効果に比べると限定的であり、統計的に有意なのは「親しみやすい先生が多い」に対してのみである。少人数授業が行われることによって、生徒は教師に親しみを覚えるが、教師の知識や技能を信頼することにはつながりにくいということだろう。「知識や経験が豊富な先生が多い」「教え方が上手な先生が多い」といった種類の信頼を得るためには、単に授業を少人数にするだけでは不十分であり、より具体的な授業実践が必要と考えられる[2]。

　なお、手厚い授業形式によって教師への信頼が高まるのは学校教育の価値を認めている生徒だけである可能性を考慮し、職業的動機づけがある群とない群に分けての同様の分析も行った（分析結果は省略）。職業的動機づけがある群とは、「学校での勉強は将来つきたい仕事に関係している」に「とてもあては

まる」「まああてはまる」と回答した生徒、職業的動機づけがない群とは「あまりあてはまらない」「まったくあてはまらない」と回答した生徒である。しかし、このように区分しても、手厚い授業形式が教師への信頼に正の効果を与えるという結果にほとんど変わりはなかった。このことから、手厚い授業形式はある程度普遍的に、生徒の教師への信頼を高めると推察できる。

表9－1 「知識や経験が豊富な先生が多い」の規定要因（ロジスティック回帰分析）

	回帰係数	オッズ比	有意確率
積極的に質問や意見を言える授業	0.201	1.223	***
個別のアドバイスや手助けをしてくれる授業	0.328	1.389	***
生徒数が25人以下の授業	0.042	1.043	
（定数）	− 0.348		
Nagelkerke 擬似決定係数	0.058		
尤度比のカイ二乗検定	p=0.000		
有効度数	2246		

*** p＜0.001　** p＜0.01　* p＜0.05

表9－2 「教え方が上手な先生が多い」の規定要因（ロジスティック回帰分析）

	回帰係数	オッズ比	有意確率
積極的に質問や意見を言える授業	0.223	1.250	***
個別のアドバイスや手助けをしてくれる授業	0.391	1.479	***
生徒数が25人以下の授業	0.039	1.039	
（定数）	− 1.618		***
Nagelkerke 擬似決定係数	0.091		
尤度比のカイ二乗検定	p=0.000		
有効度数	2250		

*** p＜0.001　** p＜0.01　* p＜0.05

表9－3 「親しみやすい先生が多い」の規定要因（ロジスティック回帰分析）

	回帰係数	オッズ比	有意確率
積極的に質問や意見を言える授業	0.277	1.319	***
個別のアドバイスや手助けをしてくれる授業	0.329	1.389	***
生徒数が25人以下の授業	0.114	1.120	*
（定数）	− 0.916		***
Nagelkerke 擬似決定係数	0.082		
尤度比のカイ二乗検定	p=0.000		
有効度数	2253		

*** p＜0.001　** p＜0.01　* p＜0.05

4-2 教師生徒比が授業形式に与える影響

理論仮説2「手厚い授業形式は教師生徒比が小さい学校において行われやすい」に基づく三つの作業仮説を検証するため、教師生徒比と授業形式のクロス集計を行った。その結果が表9-4～表9-6である。なお、表の簡便化のため、教師生徒比は「8人未満」「8人以上」の2段階、授業形式は「多い」「半分くらい」「少ない」の3段階に区分してある。表中の相関係数は、学校単位で集計した各授業形式の頻度と教師生徒比の相関係数である。

表9-4　教師生徒比と「積極的に質問や意見を言える授業」の関係

		積極的に質問や意見を言える授業			合計	有効度数
		多い	半分くらい	少ない		
教師生徒比	8人未満	24.8%	40.0%	35.2%	100.0%	1170
	8人以上	20.4%	37.4%	42.2%	100.0%	1152
合計		22.6%	38.7%	38.7%	100.0%	2322
独立性のカイ二乗検定		p=0.001				
相関係数		0.415				

表9-5　教師生徒比と「個別のアドバイスや手助けをしてくれる授業」の関係

		個別のアドバイスや手助けをしてくれる授業			合計	有効度数
		多い	半分くらい	少ない		
教師生徒比	8人未満	29.9%	34.2%	35.9%	100.0%	1169
	8人以上	24.1%	42.3%	33.7%	100.0%	1143
合計		27.0%	38.2%	34.8%	100.0%	2312
独立性のカイ二乗検定		p=0.000				
相関係数		0.114				

表9-6　教師生徒比と「生徒数が25人以下の授業」の関係

		生徒数が25人以下の授業			合計	有効度数
		多い	半分くらい	少ない		
教師生徒比	8人未満	39.4%	36.8%	23.8%	100.0%	1171
	8人以上	18.4%	33.4%	48.2%	100.0%	1143
合計		29.0%	35.1%	35.9%	100.0%	2314
独立性のカイ二乗検定		p=0.000				
相関係数		0.546				

表9-4～表9-6の分析から、作業仮説2-1～2-3はすべて支持された。つまり、教師への信頼を高めるような授業形式は、教師生徒比が小さい（教師数が相対的に多い）学校において行われる傾向がある。なお、相関係数を見ると、少人数授業の実施と教師生徒比の関連はかなり大きい。このことから、教師の増員なくして少人数授業を推進することは、学校現場にとっては難しいことがうかがえる。

4-3　教師生徒比が教師への信頼に与える影響

理論仮説3「学校の教師生徒比は授業形式とは独立にも教師への信頼を規定する」に基づく三つの作業仮説を検証するため、教師への信頼を従属変数とするマルチレベルロジスティック回帰分析（ランダム切片モデル）を行った。なお、常勤教師割合と入試難易度も学校レベルの独立変数として分析に投入し、それらの影響を統制した。分析結果が表9-7～表9-9である。

表9-7～表9-9の分析から、作業仮説3-1・3-2は支持された。教師生徒比が小さい（教師数が相対的に多い）学校においては、生徒の教師に対する「知識や経験が豊富な先生が多い」「教え方が上手な先生が多い」という信頼が高まる。一方、「親しみやすい先生が多い」という信頼には、教師生徒

表9-7　「知識や経験が豊富な先生が多い」の規定要因（マルチレベルロジスティック回帰分析）

		回帰係数	オッズ比	有意確率
生徒レベル	積極的に質問や意見を言える授業	0.179	1.196	**
	個別のアドバイスや手助けをしてくれる授業	0.340	1.406	***
	生徒数が25人以下の授業	0.021	1.021	
学校レベル	教師生徒比	− 0.177	0.838	*
	常勤教師割合	0.961	2.613	
	入試難易度（100点単位）	0.487	1.628	***
（定数）		− 2.081		
尤度比のカイ二乗検定		p=0.000		
有効度数：生徒レベル		2246		
有効度数：学校レベル		17		

*** p<0.001　** p<0.01　* p<0.05

表9－8 「教え方が上手な先生が多い」の規定要因(マルチレベルロジスティック回帰分析)

		回帰係数	オッズ比	有意確率
生徒レベル	積極的に質問や意見を言える授業	0.205	1.228	***
	個別のアドバイスや手助けをしてくれる授業	0.395	1.485	***
	生徒数が25人以下の授業	0.020	1.020	
学校レベル	教師生徒比	− 0.156	0.856	**
	常勤教師割合	2.889	17.974	*
	入試難易度(100点単位)	0.272	1.313	*
(定数)		− 4.084		**
尤度比のカイ二乗検定		p=0.000		
有効度数：生徒レベル		2250		
有効度数：学校レベル		17		

*** p<0.001 ** p<0.01 * p<0.05

表9－9 「親しみやすい先生が多い」の規定要因(マルチレベルロジスティック回帰分析)

		回帰係数	オッズ比	有意確率
生徒レベル	積極的に質問や意見を言える授業	0.288	1.334	***
	個別のアドバイスや手助けをしてくれる授業	0.316	1.371	***
	生徒数が25人以下の授業	0.051	1.053	
学校レベル	教師生徒比	− 0.135	0.874	
	常勤教師割合	1.575	4.831	
	入試難易度(100点単位)	0.369	1.445	*
(定数)		− 2.793		
尤度比のカイ二乗検定		p=0.000		
有効度数：生徒レベル		2253		
有効度数：学校レベル		17		

*** p<0.001 ** p<0.01 * p<0.05

比による直接の効果は見いだされなかった。ただし、統計的に有意ではないものの、回帰係数の値は負となっていることから、サンプルサイズを増やしたデータでの再検証が求められる。

なお、仮説とは直接かかわらないが、「教え方が上手な先生が多い」に対して、常勤教師割合が正の効果を有している。教え方という教職経験によって培われる部分が大きい技能は、常勤教師が多い学校で洗練されているのかもしれない。非常勤教師の増大が学校の活性化を拒むという佐藤(2004)の主張を裏づける結果である[3]。

5 ── まとめと結論

　本章で得られた主な知見は以下の三点である。第一に、積極的に質問や意見を言える授業、教師が個別のアドバイスや手助けをしてくれる授業、少人数授業といった手厚い授業形式は、生徒の教師への信頼を高める。第二に、これらの手厚い授業形式は、教師生徒比が小さい学校において多く行われる傾向がある。第三に、教師生徒比が小さいことは、授業形式とは独立にも生徒の教師への信頼を高める。

　教師に対する信頼の低下が指摘されるようになって久しいが、それを食い止める方策としての授業形式、教師の増員の重要性はこれまで実証されてこなかったように思われる。本章では普通科高校に比べて人的資源が厚く投入されている専門高校に注目することで、教師への信頼を高めるための方策の一部を明らかにすることができた。教師が信頼を得ることが難しくなっているとされる現代であるが、教師生徒比の改善とそれに裏打ちされた手厚い授業形式によって、教師への信頼を高めることは可能である。

　もちろん教師への信頼を高める方策として、教師個人の「質」を向上させるというアプローチもあるだろう。しかし、現実問題として教師の「質」を短期間で上げることは難しく、佐久間（2007）、笹田（2005）など、教員免許更新制や増大する評価・研修制度はむしろ教師の多忙化と意欲喪失をもたらすという指摘もある。これらの制度によって性急に教師の「質」を上げようとするのではなく、教師生徒比の改善による現職の教師の支援を検討することも必要ではなかろうか。

　もっとも、本章の分析対象はあくまで東京23区内の専門高校であるので、本章で得られた知見をただちに日本全国の高校に一般化することはできない。今回の知見をヒントとして、今後も継続して調査と研究を行う必要がある。

〈 注 〉

(1) 今回の分析では「積極的に質問や意見を言える授業」などの授業形式を生徒単位の変数として扱っている。つまり、同じ学級の生徒でも、その回答にばらつきを認めている。その理由は二つある。第一に、選択科目や習熟度別授業によって、同じ学級に所属していても、生徒によって受けている授業が異なる可能性がある。第二に、どのような授業が行われているかは、生徒の主観によってこそ測定されると考えることが可能である。仮に教師が「積極的に質問や意見を言える授業を行っている」と主張しても、生徒がそう感じていなければ、その授業がなされているとは言いがたいだろう。

(2) 「積極的に質問や意見を言える授業」「個別のアドバイスや手助けをしてくれる授業」以外の授業形式、たとえば「グループで協力して課題を達成する授業」や「生徒自身が目標を設定してそれに取り組む授業」を独立変数に加えて表 9 - 1、表 9 - 2、表 9 - 3 と同様の分析を行ったが、それらの効果は統計的に有意ではなく、回帰係数も小さかった。教師への信頼を規定する授業形式としては、「積極的に質問や意見を言える授業」と「個別のアドバイスや手助けをしてくれる授業」が特に注目に値するということである。

(3) 学科(工業科・商業科・農業科・その他)と教師への信頼の関係を見てみると、商業科において教師への信頼がやや低い傾向が見られた。しかし、3 種類の授業形式、教師生徒比、常勤教師割合、入試難易度の影響を統制した上では、教師への信頼に学科間で統計的に有意な差は認められなかった。したがって、学科による教師への信頼の差は、学科固有の特徴によって生じているというよりは、3 種類の授業形式や教師生徒比、常勤教師割合、入試難易度の違いによって生じているものと考えられる。

〈 参考文献 〉

木村元, 2008, 「日本の教職アイデンティティの歴史的形成 – 日本の教員改革と教員文化の展開に着目して」久冨善之編『教師の専門性とアイデンティティ – 教育改革時代の国際比較調査と国際シンポジウムから』勁草書房, pp.139-163.

群馬県教育委員会・社会経済生産性本部コンサルティング部編, 2008, 『教員の多忙を解消する – 教員・学校・教育委員会ができる業務改善』学事出版。

佐久間亜紀, 2007, 「なぜ、いま教員免許更新制なのか – 教育ポピュリズムにさらされる教師たち」『世界』第 761 号, pp.121-130.

笹田茂樹, 2005, 「東京都教員人事考課制度に関する一考察」『教育行財政研究』第 32 巻, pp.25-35.

佐藤学, 2004, 「コミュニティと教育改革」苅谷剛彦編『創造的コミュニティのデザイン – 教育と文化の公共空間』有斐閣, pp.223-240.

露口健司, 2012, 『学校組織の信頼』大学教育出版。

東京大学教育学部・ベネッセ教育研究開発センター編, 2010, 『都立専門高校の生徒の学習と進路に関する調査』(報告書)。

広田照幸, 2005, 『教育不信と教育依存の時代』紀伊国屋書店。

藤田英典, 2006, 『教育改革のゆくえ – 格差社会か共生社会か』岩波ブックレット。

前田健一・佐久間愛恵・新見直子，2009,「中学生の教師信頼感・友人信頼感と学校適応感の関連」『広島大学心理学研究』第 8 号，pp.53-66.
油布佐和子編，2007,『転換期の教師』放送大学教育振興会。

COLUMN 3

教師の犯罪率とその推移
ー教員は不祥事が多い？ー

　このコラムでは、第9章で扱った教師への信頼に関連して、教師の犯罪率について検討してみたい。

　読者の皆さんは、教師の犯罪率が同年齢層の人々と比べて、高いと思うだろうか、それとも低いと思うだろうか。あるいは、ほとんど同じだと思うだろうか。2019年に実施した「教育についての意識・経験に関する調査（プレ調査）」（NTTコムリサーチ委託）において、20〜50代の468名に「教師の犯罪率は、同じ年齢層の人々と比べてどれくらいだと思いますか」という質問をしてみた。その結果は、「とても高い」6.0%、「やや高い」25.4%、「同じくらい」53.0%、「やや低い」12.8%、「とても低い」2.8%であった。この調査はあくまで予備調査であり、正式な調査は2020年に実施予定であるが、ひとまず教師の犯罪率を「低い」と思っている人は少数派（15%程度）のようである。

　それでは、教師の犯罪率は実際にはどれくらいなのか。インターネットで「教師　犯罪率」などで検索してみると、明確に数値として示されているものはほとんど見当たらない。ほぼ唯一の例外と言えるのが、神戸新聞による2002年12月14日の「教師の性犯罪発生率は一般人の15倍」という記事である。この記事では、2002年1月〜9月における兵庫県内の強制わいせつ容疑の検挙人数について、15〜64歳全体では約48000人に1人の割合であるのに対して、中学校教師では約3200人に1人の割合であることが記されている。この記事のインパクトは大きく、「教師の性犯罪率は一般人の15倍」という数値が、インターネット上でしばしば引用されている。

　しかし、この神戸新聞の記事は、次の点で読み取りに注意を要

する。それは、「兵庫県」「2002年1月～9月」「中学教師」という三重の限定がかかったデータであるということである。これだけの限定をかければ、偶然教師の犯罪率が高く出るといったことはあり得る。たとえば「近畿地方2府5県」の「2002年4月～2003年3月」の「小中高教師」のデータを用いれば、まったく異なる結果になる可能性は大いにある。事実、この記事の「約3200人に1人」という値は、中学校教師が約9500人いる中で、性犯罪で検挙された者が3人というデータに基づいたものであり、この程度の小規模データでは、偶然1人が犯罪をするだけで、割合は大きく変動する。

　それでは、改めて、教師の犯罪率は高いのか。この問いに答えるには、日本全国のデータを複数年にわたって検証していく必要がある。そこで、まず用いるデータは、警察庁が毎年発表している「年間の犯罪」である。この資料では、その年の年齢・職業別の刑法犯の検挙人数が記されている。次に母数となる教師数は、文部科学省「学校基本調査」から求められる。教師と言っても、小中高はもちろんのこと、幼稚園から大学の教員まで多種多様であるが、「年間の犯罪」では一括で「教員」として扱われているので、「学校基本調査」でも、すべてを加算した教師数を求める。教師と比較対象とする一般の人々は、25～59歳と設定する。これは、教師の多くがこの年齢層であるためである。25～59歳の人口は、総務省「人口推計」から求められる。

　以上のデータを用いて、近年5年間（2014～2018年）を累計した、教師と25～59歳全体の犯罪率を示したものが表C－2である。なお、刑法犯総数には交通違反を含まない。凶悪犯は殺人・強盗・放火・強制性交等、粗暴犯は凶器準備集合・暴行・傷害・脅迫・恐喝、窃盗犯は侵入盗・乗り物盗・非侵入盗、知能犯は詐欺・横領・偽造・汚職・あっせん利得・背任、風俗犯は賭

表Ｃ－２　教師の犯罪率（2014～2018年）

	教師	25～59歳	教師の犯罪率／25～59歳の犯罪率
刑法犯総数	0.042%	0.199%	0.208
凶悪犯	0.001%	0.005%	0.236
粗暴犯	0.014%	0.060%	0.236
窃盗犯	0.012%	0.083%	0.147
知能犯	0.002%	0.015%	0.136
風俗犯	0.004%	0.007%	0.623

博・わいせつを表す。

　表Ｃ－２から、教師の犯罪率は25～59歳全体と比べて、明らかに低いことがわかる。刑法犯全体で見れば、一般の人々の5分の1程度の犯罪率である。したがって、冒頭の「教師の犯罪率は、同じ年齢層の人々と比べてどれくらいだと思いますか」という質問の正解は「とても低い」である。

　なお、教師の風俗犯（その多くがわいせつ）の犯罪率は、一般の人々に比べれば6割程度と低いが、他の罪種と比べれば相対的に多い。誤解を恐れずに言えば、わいせつなどの性犯罪は、周囲に若い異性が多くいる人ほど、起こりやすい。したがって、教師は「環境として」性犯罪が発生しやすい状況にいることは否定できない。これは、プロの車の運転手が一般の人々よりも交通事故率が高いことに類似している。その理由はもちろん、プロの車の運転手が一般の人々よりも運転技術が劣っているとか、倫理観が欠けているとかということではなく、一般の人々と比べて車に乗っている時間が圧倒的に長いので、交通事故を起こすことも多くなるということである。これと同様のことが教師の労働環境にも当てはまるため、他の罪種と比較して相対的に風俗犯が多いと考えられる。もっともそれでも、一般の人々に比べれば少ない。

　それでは、時系列的に見た場合、教師の犯罪率はどのように推

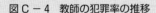

図 C − 4　教師の犯罪率の推移

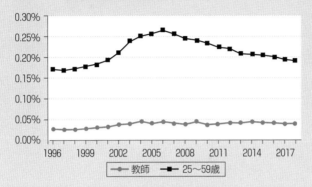

移しているのだろうか。現代は教師の多忙化や精神疾患休職率の増加が指摘され、「教師受難の時代」と言われている。このようなストレスの中、教師の犯罪率は増減しているのだろうか。結果が図 C − 4 である。なお、「年間の犯罪」では、1995 年以前は私立学校の教師の数値しか集計されていない。したがって、ここで扱うのは 1996 年以降のデータである。

　図 C − 4 より、過去 20 年間以上、日本における教師の犯罪率は、一般の人々と比べて極めて低い水準で推移していることがわかる。このデータを見る限り、冒頭で検討した 2002 年の神戸新聞の記事は、偶発的に得られた結果である可能性が高い。

　以上、これまで言説としては多く語られながら、統計データによる十分な裏づけが存在しなかった、教師の犯罪率を検討してきた。結論としては、教師の犯罪率は極めて低い水準を維持しているということである。教育不信でありながら、学校に多くのことを期待する教育依存の時代だからこそ、教師の不祥事が大きく注目され、ときには誇大に報道されるという事態が生じていると考えられる。

付章　統計表の読み方 ―――――――――――――――●

1 ―― 基本用語の意味

　この付章では、統計分析の初学者に向けて、統計表の読み方を解説する。まずは、基本用語の意味を説明する。**変数**という言葉は、簡単に言えば、質問紙調査などによって得られたさまざまな回答データのことである。たとえば、質問紙調査の問1でスポーツが得意かどうかを尋ね、問2で恋人の有無を尋ねたら、「スポーツが得意か」と「恋人の有無」を変数として得たということである。これらの変数どうしの関連を分析するのが**統計分析**である。その際、次の言葉も頻繁に使用される。

独立変数 … 原因を表す（と仮定する）変数

従属変数 … 結果を表す（と仮定する）変数

統制変数 … 他の条件を一定にするために分析に加える第三変数

量的変数 … 数値スコアで表現できる変数　＜例＞学力偏差値、テレビ視聴時間

質的変数 … 数値スコアで表現できない変数　＜例＞性別、部活動所属

ダミー変数 … 質的変数に擬似的に0／1を割り当てた変数

＜例＞女子ダミー（女子＝1、男子＝0）、運動部ダミー（所属＝1、非所属＝0）

　また、統計分析の手法は、クロス集計、重回帰分析、ロジスティック回帰分析などさまざまにあるが、ほぼすべてに共通して、その分析に対応した**統計的検定**が行われる。統計的検定とは、統計分析によって見いだされた変数間の関連が、単なる誤差なのか、それとも真の関連なのかの判定を行うことである。

　統計的検定の結果は**有意確率**（**p**）という値で示され、pが0.05未満で「関

連がある」と見なされる。これを「**統計的に有意**」と言う。統計分析の表を見たら、有意確率（p）が記載されている欄を確認し、統計的に有意かどうかをチェックすることが原則である。なお、**サンプルサイズ**（分析に用いる人数の規模）が小さいときは、有意確率（p）の基準を 0.05 ではなく 0.1 で判断することがある。これを「**10% 水準で有意**」と言う。

2 —— 分散分析

　本書ではそれほど使われていないが、基礎的な統計分析として、**分散分析**がある。これは一言で言えば、平均値の比較分析である。表 5 - 6 がその使用例である。

　学校タイプごとの平日学習時間の平均値が 49.8 分、51.2 分、41.7 分、32.3 分と示されている。問題は、これらの平均値の間に差があると言えるのか、それとも単なる誤差の範囲内なのかということである。表の下部にある、**分散分析のF検定**は、学校タイプによって平日学習時間の平均値に差があると言えるかを検定しているものである。前述のように、有意確率（p）が 0.05 未満で「関連がある」と言える。今回は p=0.000 であることから、「学校タイプによって平日学習時間の平均値に差がある」と言える。

　さらに細かく、どの学校タイプとどの学校タイプの間で平日学習時間の平均値に差があるのかを検定したものが、表の中央部にある、**テューキーの多重比較**である。有意確率（p）を数値で記すと煩雑になるので、ここでは簡易的に

表 5 - 6　学校タイプごとの平日学習時間（分）

		平均値	テューキーの多重比較			有効度数
学校タイプ	上位校	49.8	中位校	下位校 ***	公立 ***	987
	中位校	51.2		下位校 ***	公立 ***	1365
	下位校	41.7			公立 ***	1196
	公立	32.3				1203
分散分析のF検定			p=0.000			

*** p<0.001　** p<0.01　* p<0.05

＊（アスタリスク）の数で表している。＊の意味は表の枠外に記載してある通り、pが0.001未満で＊＊＊、0.01未満で＊＊、0.05未満で＊である。空欄はそのどれでもない、つまり統計的に有意でないことを表す。テューキーの多重比較の結果を見ると、上位校と中位校の平均値の差は統計的に有意でなく、それ以外の学校タイプの間では平均値の差が統計的に有意であることがわかる。平均値の数値だけを見ると、上位校と中位校の間に1.4分の平日学習時間の差があるように見えるが、その差は誤差の範囲内ということである。なお、表の一番右側の**有効度数**は、分析対象人数を表している。他の分析でも、有効度数は基本的に分析対象の数を表す。

　以上、単純な平均値の比較ではあるが、初学者には見慣れない言葉や記号が多く、不安を感じたかもしれない。ひとまずこのような表を見たら、有意確率（p）を＊の数で確認し、＊がついていたら、「ここに差があるんだな」と解釈すれば問題ない。

3 ── クロス集計

　続いて、もう一つの基礎的な分析手法を紹介する。本書の中でも頻出する**クロス集計**である。クロス集計とは、言葉の通り、二つの変数を「クロス」（交差）させてパーセントを求めることで、変数間の関連をシンプルに知ることができる。クロス集計でつくられた表を**クロス表**と言う。表6−3がクロス表の例である。

　パーセントの分布を見ると、上・中位校の生徒は中入生が61.8%、高入生が

表6−3　入試ランクと中入高入の関係

		中入高入		合計	有効度数
		中入生	高入生		
入試ランク	上・中位校	61.8%	38.2%	100.0%	1043
	下位校	32.8%	67.2%	100.0%	1207
合計		46.3%	53.7%	100.0%	2250
独立性のカイ二乗検定		p=0.000			

38.2% であるのに対して、下位校の生徒は中入生が 32.8%、高入生が 67.2% である。よって、上・中位校の生徒は下位校の生徒と比べて、中入生（中学校からその学校に入学している生徒）が多いことがうかがえる。問題は、この関連が真の関連なのか、単なる誤差なのかである。それを検定したものが表の下部にある、**独立性のカイ二乗検定**である。例によって、有意確率（p）が 0.05 未満で「関連がある」と言える。今回は p=0.000 であることから、「上・中位校の生徒ほど、中入生が多い」と言える。

　なお、クロス集計では、**ガンマ係数**が付記されることもある。ガンマ係数はクロス表における変数どうしの関連の強さを表し、無関連のときは 0、正の関連のときは 0 〜 1 の値、負の関連のときは − 1 〜 0 の値をとる。表 6 − 3 には示していないが、このクロス表に対してガンマ係数を求めると、0.537 となる。

4 ── 主成分分析

　次に、**主成分分析**について説明する。これは研究において「メインの分析」として使われることは少なく、メインの分析の前段階として使われることが多い手法である。具体的には、いくつかの変数を合成して、一つの変数を作成するときに使われる。表 7 − 1 がその使用例である。

　この主成分分析では、「他の人に比べて優れているところがある」「その気になればなんでもできる」「自分に自信がある」という三つの変数を合成している。合成された変数のことを**主成分得点**と言う。今回は、主成分得点に対して、内容から判断して自己有能感という名前をつけている。得られた主成分得点にど

表 7 − 1　自己有能感の作成（主成分分析）

	成分負荷量
他の人に比べて優れているところがある	0.799
その気になればなんでもできる	0.645
自分に自信がある	0.795
寄与率	56.2%

のような名前をつけるかは、分析者に委ねられている。

　表中の**成分負荷量**は、それぞれの変数が主成分得点（自己有能感）に対して、どれくらい寄与しているかを示したものである。比喩的に言えば、いくつかの素材（変数）を組み合わせて一つの建物（主成分得点）をつくっており、各素材がその建物をつくるのにどれくらい貢献したかを表す値が、成分負荷量である。今回の場合、「その気になればなんでもできる」の成分負荷量が他の二つに比べてやや小さく、自己有能感の構成要素ではあるものの、他の二つとは少し仲間外れということである。表の下部の**寄与率**は、得られた主成分得点がもともとの変数の分散の何％を説明できるかを表す。つまり、今回の分析で得られた主成分得点（自己有能感）は、もともとの三つの変数の分散の56.2％までを説明できるということになる。

　なお、主成分分析は、通常は量的変数に対して用いる手法である。質的変数に対して合成を行いたいときは、**カテゴリカル主成分分析**という、通常とは異なる主成分分析が必要になる。本書の中で主成分分析を使ったり、カテゴリカル主成分分析を使ったりしているのは、使用している変数の種類が異なるためである。分析の目的が変数の合成であることは同じなので、主成分分析やカテゴリカル主成分分析を見たら、「いくつかの変数を合体させているんだな」と考えれば問題ない。

5 ── 重回帰分析

　ここから、より専門的な分析を紹介する。まずは**重回帰分析**である。これは統計分析の代表と言っても過言ではなく、一つの従属変数に対して、複数の独立変数がそれぞれどれくらい影響しているかを示す手法である。表7-10がその使用例である。

　この分析では、自己有能感が従属変数であり、校内成績、実技教科得意ダミー、友人の数、文化資本スコアの四つが独立変数ということになる。表の左側の**回帰係数**は、その独立変数が1増えたときに、従属変数がいくつ増えるかを表し

表 7 − 10　自己有能感の規定要因（重回帰分析）

	回帰係数	標準化回帰係数	有意確率
校内成績	2.178	0.251	***
実技教科得意ダミー	5.654	0.224	***
友人の数（10 人単位）	0.847	0.161	***
文化資本スコア	0.572	0.057	*
（定数）	36.875		***
決定係数	0.173		
回帰のF検定	p=0.000		
有効度数	1123		

*** p<0.001　** p<0.01　* p<0.05

ている。たとえば、校内成績が 1 上がると、自己有能感が 2.178 上がる、実技
教科が得意であると、自己有能感が 5.654 上がる、というように読み取れる。
そして、表の右側の有意確率は、その関連が統計的に有意かどうかの検定であ
る。今回はすべての独立変数について*がついているので、四つの独立変数と
も自己有能感に影響していると読み取れる。なお、四つの独立変数の下に書か
れている**定数**は、独立変数すべての値が 0 のときの従属変数の値を表すが、通
常この値に分析上の関心はないため、それほど気にする必要はない。

　ところで、回帰係数の値どうしは互いに比較できない。なぜなら、単位が異
なるからである。この分析では、校内成績は 1 ～ 5 の 5 段階、実技教科得意ダ
ミーはダミー変数（0 ／ 1）、友人の数は 10 人単位の実数、文化資本スコアは
カテゴリカル主成分分析の主成分得点である。単位が異なるものどうしを比べ
るというのは、「10 グラムと 3 メートルのどちらが大きいか」を議論するよう
なもので、意味がない。しかし、分析上の関心としては、四つの独立変数のう
ちでどれが自己有能感に最も大きく影響しているのかを知りたい。そのために
算出されるのが、表の中央部にある**標準化回帰係数**である。これは、四つの独
立変数の単位をそろえて算出された回帰係数で、互いに比較することができる。
標準化回帰係数を見ることで、自己有能感に対する影響力は、校内成績＞実技
教科の得意＞友人の数＞文化資本であることがわかる。

　表の下部にある**決定係数**は、今回投入した独立変数で、従属変数の分散の何
％までを説明できるかを示したものである。今回は 0.173 なので、校内成績、

実技教科の得意、友人の数、文化資本の四つで、自己有能感の分散の17.3%を説明できるということになる。また、**回帰のF検定**は、今回投入した独立変数で従属変数を（部分的にではあるが）説明できるかを検定しているものである。有意確率（p）が0.05未満で「説明できる」と言える。今回はp=0.000であることから、「四つの独立変数によって（部分的にではあるが）自己有能感を説明できる」と言える。

　なお、通常の重回帰分析の発展形として、**マルチレベル回帰分析**もよく使われる。これは、重回帰分析の独立変数に生徒レベルの変数（生徒1人ずつが回答している変数）と学校レベルの変数（学校単位で回答している変数）の両方を投入するときなどに用いる。たとえば、生徒レベルの変数である通塾の有無と、学校レベルの変数であるベテラン教師割合が、生徒の学業成績に与える影響を分析するときに用いる。基本的に、回帰係数の意味は、通常の重回帰分析と同じなので、詳しい説明は省略する。マルチレベル回帰分析の表を見たら、回帰係数の意味を「その独立変数が1増えたときに、従属変数がいくつ増えるか」と読み取り、有意確率を*の数で確認すれば問題ない。また、マルチレベル回帰分析では、決定係数の代わりに**残差分散**が表示されるが、これは決定係数の逆、つまり「今回投入した独立変数で説明できない従属変数の分散の大きさ」を表すと考えればよい。

6 ── ロジスティック回帰分析

　重回帰分析のきょうだいと呼べるのが**ロジスティック回帰分析**である。先ほどは説明を省略したが、重回帰分析は、従属変数が量的変数のときに用いる手法である。それに対して、従属変数がダミー変数のときに用いるのがロジスティック回帰分析である。分析の目的は同じで、一つの従属変数に対して、複数の独立変数がそれぞれどれくらい影響しているかを示す手法である。表9-3がその使用例である。

　この分析では、「親しみやすい先生が多い」という生徒の意識が従属変数で

表9-3 「親しみやすい先生が多い」の規定要因（ロジスティック回帰分析）

	回帰係数	オッズ比	有意確率
積極的に質問や意見を言える授業	0.277	1.319	***
個別のアドバイスや手助けをしてくれる授業	0.329	1.389	***
生徒数が25人以下の授業	0.114	1.120	*
（定数）	− 0.916		***
Nagelkerke 擬似決定係数	0.082		
尤度比のカイ二乗検定	p=0.000		
有効度数	2253		

*** p<0.001　** p<0.01　* p<0.05

あり、積極的に質問や意見を言える授業、個別のアドバイスや手助けをしてくれる授業、生徒数が25人以下の授業の三つが独立変数ということになる。表の左側の**回帰係数**は、その独立変数が1増えたときに、従属変数の対数オッズがいくつ増えるかを表している。対数オッズは意味を直感的に理解するのが難しいので、ここでは深入りしない。

　この回帰係数をもう少しわかりやすい数値に置き換えたものが、表の中央部にある**オッズ比**である。オッズ比は、その独立変数が1増えたときに、従属変数のオッズ（確率のようなもの）が何倍になるかを表す。つまり、積極的に質問や意見を言える授業が1増えると、1.319倍、生徒が「親しみやすい先生が多い」と感じやすくなる、個別のアドバイスや手助けをしてくれる授業が1増えると、1.389倍、生徒が「親しみやすい先生が多い」と感じやすくなる、ということである。表の右側の有意確率の見方は、重回帰分析と同じで、その関連が統計的に有意かどうかの検定である。今回はすべての独立変数について*がついているので、三つの独立変数とも「親しみやすい先生が多い」という生徒の意識に影響していると読み取れる。

　表の下部にある**Nagelkerke 擬似決定係数**は、今回投入した独立変数で、従属変数の分散の何％までを説明できるかを表すが、重回帰分析の決定係数と異なり、正確な値は求められない。そのため、「擬似」決定係数と呼ばれる。今回は0.082なので、三つの独立変数で「親しみやすい先生が多い」という生徒の意識の分散の8.2%を説明できるということになるが、あくまで参照値である。また、**尤度比のカイ二乗検定**は、重回帰分析における回帰のF検定に

相当し、今回投入した独立変数で従属変数を（部分的にではあるが）説明できるかを検定しているものである。有意確率（p）が 0.05 未満で「説明できる」と言える。今回は p=0.000 であることから、「三つの独立変数によって（部分的にではあるが）従属変数を説明できる」と言える。

　なお、通常のロジスティック回帰分析の発展形として、**マルチレベルロジスティック回帰分析**もよく使われる。マルチレベル回帰分析のロジスティック回帰分析バージョンである。たとえば、生徒レベルの変数であるケータイ所有と、学校レベルの変数である図書室蔵書数が、生徒が読書好きかどうかに与える影響を分析するときに用いる。基本的に、回帰係数の意味は、通常のロジスティック回帰分析と同じなので、詳しい説明は省略する。マルチレベルロジスティック回帰分析の表を見たら、オッズ比の意味を「その独立変数が 1 増えたときに、従属変数のオッズが何倍になるか」と読み取り、有意確率を＊の数で確認すれば問題ない。

7 ── 交互作用の検証

　最後に、重回帰分析、ロジスティック回帰分析、マルチレベル回帰分析、マルチレベルロジスティック回帰分析に共通して、**交互作用**の検証が行われることがあるので、その意味を説明する。交互作用とは、独立変数どうしの相乗効果を表す言葉である。表 2 − 3 が交互作用の検証の例である。

　これはマルチレベル回帰分析なので、回帰係数の意味は通常の重回帰分析と同じく、「その独立変数が 1 増えたときに、従属変数がいくつ増えるか」と読み取ればよい。注目すべきは、独立変数の最後にある、中 2 成績×学級授業熱心度である。このかけ算の記号（×）が、中 2 成績と学級授業熱心度が生徒の一週間学習時間に与える相乗効果を表しており、中 2 成績×学級授業熱心度のことを**交互作用項**と呼ぶ。今回の場合、交互作用項の回帰係数が 0.852 と正の値であり、有意確率を見ると統計的に有意なので、中 2 成績と学級授業熱心度は一週間学習時間に対してプラスの相乗効果があるということである。つまり、

表2－3　一週間学習時間の規定要因（マルチレベル回帰分析）　交互作用モデル1

		回帰係数	有意確率
生徒レベル	女子ダミー	0.175	
	第一志望ダミー	0.208	
	四大進学希望ダミー	1.182	***
	中2成績	0.291	***
学級レベル	学級授業熱心度	3.055	***
学校レベル	入試難易度	0.010	***
	専門学科ダミー	0.404	
交互作用	中2成績×学級授業熱心度	0.852	*
（定数）		− 3.285	*
残差分散：生徒レベル		25.455	
残差分散：学級レベル		0.160	
残差分散：学校レベル		1.239	
有効度数：生徒レベル		3913	
有効度数：学級レベル		142	
有効度数：学校レベル		28	

$***\ p<0.001$　$**\ p<0.01$　$*\ p<0.05$

中2成績が高かった生徒では、学級授業熱心度（同級生の授業熱心度）が一週間学習時間に与える影響が大きくなると考えられる。

　分析の表において、このようなかけ算の記号（交互作用項）を見たら、「相乗効果を検証しているんだな」と考え、その値が正であるか負であるかに注目すればよい。正であればプラスの相乗効果、負であればマイナスの相乗効果と読み取れる。

　以上、駆け足であるが、本書で登場する主な分析手法について紹介した。大学生や大学院生であれば、統計分析のテキストでしっかり学んでほしいが、そうではない読者は、おおよそどのような分析を行っており、どこに注目すればよいのかを把握していただければ幸いである。本書のみならず、調査・統計関係の論考を読むときの一助になるだろう。

あとがき

　筆者が大学院に入学したのは 2006 年のことで、そこから教育社会学・学校社会学の研究を始めて 14 年が経ったことになる。内訳としては、大学院修士課程 2 年間、博士課程 3 年間、大学院修了後の高校の非常勤講師 3 年間、明星大学教育学部に就職してから 6 年間である。このキャリアの前半に執筆した論文の多くは、博士論文の一部となり、2013 年に『学校の教育効果と階層－中学生の理数系学力の計量分析』（東洋館出版社）として刊行された。博士論文執筆まで、筆者は学力・学習を研究テーマとしていたが、博士論文の完成前後から、どうもそのことに「飽きてきた」。これはおそらく、筆者が特別に飽きっぽい性格だったというわけではなく、博士論文だけに集中していると別のテーマを研究したくなるという「大学院生あるある」である。そこで大学院修了後、学力・学習への関心は維持しつつも、小中高生の生徒文化にも関心を持ち、研究を進めてきた。

　そうこうしているうちに、執筆した論文もずいぶんとたまってきた。筆者の研究スタンスは、「できるだけ一般の人（少なくとも教育や現代社会に関心がある読書人）に関心を持ってもらえる内容」の研究をすることである。そこで、ここまでに書いた論文をまとめて世に出そうと考えたのが、本書である。2017 年に『教育問題の「常識」を問い直す－いじめ・不登校から家族・学歴まで』（明星大学出版部）を刊行し、2019 年にはその第 2 版も刊行したが、そちらは教育社会学の先行研究の知見をとにかくわかりやすく紹介したものであるのに対して、本書は筆者自身の研究成果をまとめたものである。いわゆる姉妹本と捉えれば、基礎編と応用編と言うこともできる。

　本書の各章の初出を記すと、以下の通りである。特に 10 年近く前に書いた論文については、今読み返すとわかりづらい箇所が多く、大幅に改稿した。

第 1 章　須藤康介, 2014,「いじめと学力－ TIMSS2011 中学生データの計量分析から」『江戸川大学紀要』第 24 号, pp.121-129.

第 2 章　須藤康介, 2014,「学習時間に対するピアグループ効果－高校におけ

る学級集団のもつ意味」『日本高校教育学会年報』第 21 号，pp.68-75.

第 3 章　須藤康介，2018，「アクティブ・ラーニング型の授業方法への適応と格差−学校段階および児童・生徒のコミュニケーション様式に着目して」『明星大学研究紀要・教育学部』第 8 号，pp.69-78.

第 4 章　須藤康介，2015，「小学生の努力主義の形成要因と帰結−『頑張ればできる』勉強観の功罪」『小中学生の学びに関する実態調査報告書』pp.23-33.

コラム 1　書き下ろし

第 5 章　須藤康介，2011，「私立中高一貫校の学校階層構造−マクロ・ミクロデータの分析から」『学校教育研究』第 26 号，pp.99-111.

第 6 章　須藤康介，2013，「私立中高一貫校における中入生と高入生の比較分析−中学受験のメリット・デメリットの実証的研究」『東京大学大学院教育学研究科紀要』第 52 巻，pp.193-202.

コラム 2　書き下ろし

第 7 章　須藤康介，2009，「自己有能感の規定要因についての考察−学歴実力主義との関係に注目して」『子ども社会研究』第 15 号，pp.137-149.

第 8 章　須藤康介，2019，「ジェンダーをめぐる『隠れたカリキュラム』再考−中学生の理系進路希望と性別役割分業意識に着目して」『昭和女子大学学苑』第 943 号，pp.15-23.

第 9 章　須藤康介，2010，「教師への信頼はどうすれば高まるのか−教師生徒比と授業実践の効果に注目して」『都立専門高校の生徒の学習と進路に関する調査』pp.81-89.

コラム 3　須藤康介，2015，「教師の犯罪率とその推移−同年齢集団との比較から」『日本教師教育学年報』第 24 号，pp.166-169.

付章　書き下ろし

「はじめに」で述べたように、本書が目指したものは、①データに基づく議論、②学習研究と生徒文化研究の二つの視点、③わかりやすくしつつ厳密性を落とさないこと、であった。これらがどれだけ達成できているかは、読者の皆さん

の評価を待つしかないが、今後の教育論議や教育研究に少しでも貢献できていれば幸いである。

　最後に、筆者が大学院修了後もお世話になっている、東京大学大学院教育学研究科の佐藤香先生および、そのゼミ生の皆さんに、改めて御礼を申し上げたい。とっくに大学院を修了している筆者に対して、ゼミでの研究成果の発表の機会をいただき、さまざまなコメントをいただいた。そのことなくして、本書の完成はなかった。また、データの打ち込みをしてもらい、原稿の事前チェックもしてもらった、明星大学教育学部の須藤ゼミ卒業生である長屋由奈さんにも御礼を申し上げる。本書の出版企画を迅速かつ適切に進めていただいた、出版社（株式会社みらい）の西尾敦氏にも厚く御礼を申し上げる。西尾氏との縁は、2017年に私の研究室に本の企画を求めてお越しいただいたことから始まり、3年越しに一緒にお仕事をすることができた次第である。

　本書の次の本、があるかどうかはわからないが、研究したいテーマはまだまだある。引き続いて実証的な研究を積み重ね、世に出していきたい。

　2020年7月

須藤　康介

索 引

● 著者紹介 ●

須藤 康介（すどう こうすけ）

東京理科大学理工学部応用生物科学科卒業。学士（理学）。
東京大学大学院教育学研究科比較教育社会学コース修士課程修了。
　修士（教育学）。
東京大学大学院教育学研究科比較教育社会学コース博士課程修了。
　博士（教育学）。
現在　明星大学教育学部 准教授

［主著］
『学校の教育効果と階層－中学生の理数系学力の計量分析』東洋館
　出版社 2013 年
『新版 文系でもわかる統計分析』朝日新聞出版 2018 年〔共著〕
『教育問題の「常識」を問い直す－いじめ・不登校から家族・学歴
　まで 第 2 版』明星大学出版部 2019 年

学習と生徒文化の社会学
── 質問紙調査から見る教室の世界 ──

| 発　行　日 | 2020 年 9 月 20 日　初版第 1 刷発行 |
| | 2023 年 9 月 1 日　初版第 2 刷発行 |

著　　　者	須藤 康介
発　行　者	竹鼻 均之
発　行　所	株式会社みらい
	〒 500-8137　岐阜市東興町 40　第 5 澤田ビル
	電 話　058-247-1227
	FAX　058-247-1218
	https://www.mirai-inc.jp/
印刷・製本	西濃印刷株式会社

定価はカバーに表示してあります。
乱丁・落丁本はお取り替えいたします。